JN069266

スポーツ政策　1

公共政策の中の スポーツ

日本体育・スポーツ政策学会 監修

真山達志・成瀬和弥 編著

晃洋書房

はしがき

　2020 東京オリンピック・パラリンピック（以下，オリパラと略す）の開催が決まり，スポーツに対する関心が高まった．残念ながら新型コロナウィルスの影響で 1 年延期されることになったため，盛り上がりに水を差された．とはいえ，コロナ禍による社会経済の沈滞状況を払拭するためにも，オリパラに対する期待があるのも間違いないだろう．その期待には様々なものがある．競技力向上に向けた環境整備が進むことを望む人たちもいれば，インフラ整備に伴う公共事業の拡大と，それによる好景気を期待する人たちも少なくない．スポーツに関わって生活している人から，日常的にはスポーツにほとんど接することのない人まで，スポーツに関心を持つ人が増えた．スポーツ界の期待と盛り上がりがとりわけ大きいとはいえ，メガ・イベントに経済効果を期待するのは世の常であり，色々な思惑を持った人達がオリパラがらみでスポーツに関わってきている．

　常日頃でも，スポーツに関わることを生業にする人がスポーツに関心が高く，多くの場合はスポーツ好きであることは想像に難くない．そのような人たちは，国や自治体がスポーツ振興に力を入れ，スポーツ関連予算が増額されても違和感を持たないだろうし，むしろ賛意を表することもある．しかし，国や自治体の資源は限られている．特に財源は不足している．そのため，スポーツにばかり資源を投下するわけには行かない．むしろ，スポーツはなくても困らないとして後回しになることすらある．オリパラの時は，スポーツ優先でも例外的に許容されているに過ぎない．

　スポーツの振興やスポーツの持つ諸価値を社会に体現させるような政策をスポーツ政策と考えるなら，スポーツ政策は 1 つの政策分野として把握されうる．そして，スポーツ政策とそれ以外の政策という二項対立的な図式でみると，政策間で資源の取り合いが生じることになる．とはいえ，実際には二項対立が常に発生しているわけではない．スポーツ政策とそれ以外の政策が良好な関係を築いていることも少なくない．多くの場合は，それぞれの政策目的を実現するための手段としてスポーツが利用されている．近年の代表的な例としては，健康長寿社会を実現するための手段としてスポーツを積極的に活用していること

が挙げられる．この場合，健康福祉政策とスポーツ政策は共存共栄できる．このように，スポーツ政策と様々な政策分野の関係は，緊張，競合関係になる時もあれば，共存関係になる時もあり，複雑かつ微妙な関係と言えるだろう．

このような様々な政策分野でのスポーツの活用実態については，スポーツ政策の研究でも取り上げられ，研究蓄積も多い．しかし，スポーツ関係者の側から見た議論や研究は，どうしてもスポーツの振興，つまり，スポーツ関係者や関連団体の利益の増進という視点が目立つ．ところが，スポーツを利用している政策分野では，スポーツ振興は主たる目的ではない．スポーツ政策とそれ以外の政策分野におけるスポーツに対する認識に齟齬が生じることが少なくないのである．

スポーツに関わる者からすれば，このような違いを明確にし，認識することによって，スポーツ政策の形成や実施において留意すべき諸点を導き出すことが可能になると思われる．一方，多くの政策分野でスポーツを政策の手段やツールとして使っている人たちに対しては，スポーツの持つ真の価値や意義を理解する契機を提供することができるかもしれない．

そこで，本書では様々な政策分野におけるスポーツに対する認識と位置づけなどを紹介し，分析することを目的としている．スポーツ政策を研究する学会において，あえてスポーツ政策以外の視点からスポーツを見てみようというわけである．このような企画の下，日本体育・スポーツ政策学会の会員に対して執筆者を公募した．上述のように，一般的なスポーツ政策論とは異なるアプローチを採るため，果たして応募者が現れるのかという不安もあったが，幸いにも募集した各章にお一人ずつの応募があった．編者としては迷うことなく執筆者を決定することができた．執筆過程では，学界で活躍されている執筆者に対して僭越かつ失礼なコメントや修正依頼をしたが，ほとんど快く応じていただき，概ね企画通りの内容にまとめることができたと自負している．

本書の試みによって，社会にとってもスポーツ界にとってもメリットのある関係が構築できるようにするためには，公共政策の中でスポーツをどのように位置づければよいかを探ることができれば幸いである．

　2021 年 3 月

　　　　　　　　　　　　　　　　編者を代表して　真 山 達 志

補　論　スポーツ政策の誕生と変遷
──福祉国家と新自由主義の対抗──

序 章　スポーツと公共政策

真山達志

はじめに

　スポーツの振興やスポーツの持つ諸価値を社会に体現させることを目的とする政策を「スポーツ政策」と考えるなら，スポーツ政策は1つの政策分野として把握することができるだろう．一方で，既存の様々な公共政策の分野において，スポーツを政策対象としたり，政策目的を実現するための手段として利用したりすることも多い．例えば，学校教育の中では，スポーツや体育が子どもたちの心身の発達にとって有益であるとの認識の下，教育の手段ないしツールとして古くから活用されてきた．したがって，教育政策の中でスポーツに関する議論は活発であった．また，都市公園の設置や管理などを行う都市整備政策の中では，野球場や各種競技場などのスポーツ施設の整備が大きな割合を占めている．競技場等の整備は，スポーツの振興だけを目的としているわけではなく，地域の社会・経済の活性化の手段として捉えられることが多いことから，地域振興政策の中で議論されている．その地域振興政策では，イベントとしてのスポーツ競技大会が地域活性化の手段として取り上げられることも少なくない．

　このように様々な政策分野においてスポーツが取り上げられるのは，スポーツが社会や経済に貢献するという社会的価値を有し，人々の心身の健康や豊かな生活に対して様々な効用をもたらすことに起因していると考えられる．それゆえ，スポーツそのものを研究対象とするスポーツ政策研究の蓄積も多い．しかし，スポーツの側から見た議論や研究は，どうしてもスポーツの振興，より具体的にはスポーツ関係者や関連団体の利益増進という視点が強くなる傾向がある．一方で，スポーツを利用しようとする政策分野では，スポーツは手段であって目的ではない．つまり，どちらもスポーツを扱っているにもかかわらず，究極の目的において，あるいは目的と手段の関係において，その認識や扱い方に違いがある．

　スポーツを生活の糧にするプロスポーツ関係者，スポーツ競技に全力で取り組むアスリートや彼（女）らを支えるスタッフ，あるいはスポーツ観戦を楽し

1

む人たちなど，スポーツに直接的な利害関係や強い関心を持つ人たちは，スポーツ政策の形成や実施に直接，間接に関わっているといえよう．そのような人たちにとって，政策分野によってスポーツの捉え方が違うことを正確かつ的確に理解することは，スポーツ政策の形成・実施において留意すべき諸点を導き出すことを可能にする．一方，多くの政策分野でスポーツを政策の手段やツールとして使っている人たちが，スポーツ界の人たちやスポーツ政策の研究者とのコミュニケーションを深めることになれば，スポーツの持つ真の価値や意義が理解され，スポーツと様々な政策分野がウィン-ウィンの関係を構築することにつながる．

1　スポーツ政策にとっての本書の意義と役割

　本書では，多様な政策分野におけるスポーツに対する認識と位置づけなどを研究者が紹介し，分析している．そして，公共政策の中でスポーツをどのように位置づければ，社会全体にとってもスポーツにとってもメリットのある関係が構築できるのかを探ることを目的としている．とはいえ，日本体育・スポーツ政策学会が企画し監修した書籍として，究極の目的はスポーツ政策の発展充実や，研究の深化に貢献することである．そこで，そもそも現在のスポーツ政策の状況を整理しておくことも必要であると考えられるので，アペンディックスとして「スポーツ政策の誕生と変遷——福祉国家と新自由主義の対抗——」を付すことにした．そこでは，スポーツとスポーツ政策の展開が，歴史的，社会・経済的背景との関わりの中で論じられている．

　以下に，スポーツと公共政策の関係を解明する上で，具体的にどのような検討を行おうとしたかを，編集企画の趣旨を基に紹介しておく．

　第1章「教育政策におけるスポーツ」では，学校教育の分野でスポーツ（従来，体育といわれることが多かった）がどのように扱われてきたかについて，歴史的な展開，現状とその問題点，そして解決すべき課題などを明確にすることを目的としている．正課としての体育だけでなく，課外の部活動や学生スポーツについても検討を加え，教育政策としてスポーツをどのように位置づけ，どのように利活用するべきか，逆に教育がスポーツの振興・発展にどのように貢献しうるかなどについて，政策的観点から考える上での論点や留意点を示すことを目指している．

スポーツ関係の総合官庁としてスポーツ庁が設置されたとはいえ，基本的には スポーツが文部科学政策の一部という位置づけであるという点は変わらなかった．それゆえ，教育政策におけるスポーツの位置づけや扱いを確認しておくことは，スポーツ政策の現状を理解し，今後のスポーツ政策のあり方を考える上で重要であろう．

　第2章「都市整備政策におけるスポーツ」では，都市基盤の整備や都市計画に関わる分野で，スポーツがどのように扱われているのかを確認することが第一の課題である．スポーツ施設整備に関わる仕事をしている人たちは，建設・土木・都市計画の専門家であっても，必ずしもスポーツ経験者であるとかスポーツに詳しいというわけではない．また，都市施設の整備には，都市計画法，建築基準法，あるいは消防法など，スポーツとは全く分野の異なる法令の規制が多く関わっている．そのような環境で，施設整備における合意形成や予算確保などに対するスポーツ関係者の関わり方，開発・建築規制とスポーツ側のニーズとの関係などについて，実態や課題を明らかにすることは重要である．

　スポーツを行い，楽しむためには，それを可能とする社会インフラの整備がきわめて重要になる．そのため，多くの人たちの合意と納得のもとでスポーツ施設を整備し，活用していくことが可能になるような政策システムが確立されることが求められる．それゆえ，本章が示す知見を理解することの意義は大きいといえよう．

　第3章「経済産業政策におけるスポーツ」では，日本の経済産業政策の歴史的展開のなかで，産業政策一般においてスポーツがどのように取り上げられてきたかを紹介するとともに，スポーツに関連する産業の振興に関わる政策についても検討することが課題である．その上で，スポーツ産業が日本経済や日本の産業構造に与える影響を明確にするとともに，スポーツの発展にとって望ましいスポーツ産業の姿を実現するために，スポーツ産業の振興などの政策がどのように展開されるべきかの検討の基となることを目指している．

　スポーツ自体が極端に産業化することには問題もあるが，スポーツとそれを取り巻く様々な産業の活性化は，経済全体に対して大きな貢献となることも間違いない．また，スポーツの高度化やエンタテインメント化が進む中で，設備，用具，ウエア等の技術革新は重要な課題である．それらを視野に入れると，スポーツと産業・経済の望ましい関係を構築することは容易ではないが，本章はそれを検討する上での手がかりになることを目指している．

第4章「ODA政策におけるスポーツ」では，まず，日本のODA政策を中心に，歴史的な展開や意義，目的などを紹介することを通じて，ODAについての理解を深めることが重要である．そのうえで，被援助国（地域）の内発的発展や持続可能な発展を目指すという意味で，スポーツ分野の援助の展開についての検討が求められるのである．それによって，現状のODAにおけるスポーツの貢献と課題を理解することが可能になるだろう．今後のDOA政策の中でスポーツをどのように位置づけ，SDGsを追究する上でスポーツが果たせる役割を確認したり，ODAを通じてスポーツを世界各地に普及させることを議論したりする際に，本章の内容が参考になると思われる．

　第5章「自治体政策におけるスポーツ」では，自治体の様々な政策の中でスポーツがどのように扱われているのか，とりわけ昨今の「地方創生」政策においてはスポーツに対してどのような注目が集まっているのかなどを明らかにすることを目的としている．自治体の究極の目的は住民の福祉の向上であり，具体的には安全で安心な地域社会，健康で文化的な生活を実現することである．しかし，少子高齢化が進んで，地域の社会や経済の活力が低下し，安心・安全・快適な生活を維持することが難しくなりつつある地域も少なくない．そのような問題に直面している自治体にとって，スポーツはどのような意味を持つのか，そして自治体の政策体系の中でどのように位置づけられているのかを理解することは，スポーツの社会的貢献度を高めたり，スポーツに親しむ人々の裾野を広げたりすることに資するだろう．なお，本章では，「自治体政策」とやや包括的な政策分野を設定している関係で，後半を中心に「自治体におけるスポーツ政策」の展開についての検討になっている．

　第6章「健康福祉政策におけるスポーツ」では，健康増進，健康長寿を目指す様々な政策においてスポーツがどのような取り上げ方をされているのかを知るのが目的となる．また，障害者スポーツや福祉目的でスポーツを活用している取り組みについても検討する．古くからスポーツが健康増進や福祉向上に役立つことは周知の事実であるが，具体的に保健・医療・福祉関係の政策分野においてスポーツがどのように取り上げられて来たのかを改めて検証する必要があるだろう．なぜなら，前述のようにスポーツ政策を主として取り扱ってきたのが文部科学政策（教育政策）の分野であったことから，保健・医療・福祉の政策分野との間で，スポーツ政策の展開において対立，競合，重複などの問題が発生していたからである．その上で，スポーツが保健（健康）や福祉向上に効果

があることと，その効果を発揮するためにはどのような政策を展開すべきかを整理することが求められている．

　第7章「自然環境政策におけるスポーツ」では，国立公園や地方の自然公園に関する政策において，自然環境や森林などの活用という側面で，スポーツがどのように位置づけられてきているかを検討することを目的としている．これらの政策分野の最優先の課題は，自然環境の保全である．活用はあくまでも保全を前提に，その恩恵を人々が共有するものである．また，活用することによって保全が進むことを視野に入れておかなければならないだろう．そこで，スポーツを行う際に自然環境を活用することによって，自然環境の保全にどのような貢献ができるのか，反面でスポーツがもたらす問題は何かなどを明らかにしておくことが重要である．

　第8章「文化・観光政策におけるスポーツ」では，文化芸術政策と観光政策の中でスポーツがどのように位置づけられているのかについて検討することを企図している．スポーツの中には，アーティスティックスイミングやフィギュアスケートに代表されるような美しさや芸術性を競う種目も存在する．一方，芸術の中でも，バレーやダンスなどはきわめて高い身体能力が求められ，フィジカルトレーニングが必要になる．つまり，スポーツと芸術の親和性は大きく，その境目は曖昧であるともいえる．また，相撲，柔道などに見られるように日本の歴史，伝統，文化と密接に関わっているスポーツも数多く存在する．したがって，スポーツ政策の中で，芸術や文化に対する配慮が必要であると同時に，文化・芸術政策においてもスポーツを的確に位置づけることが求められている．

　ところで，自然，歴史，文化などを楽しむことを目的としている観光において，近年では体験型観光や健康増進型観光が重視されていることを反映して，スポーツを活用する事例も増えている．そこで，観光政策とスポーツの関係についてもこの章で検討することを想定している．

　最後の第9章「放送政策におけるスポーツ」では，まず放送政策を概観し，放送政策の中でスポーツがコンテンツとしてどのように位置づけられているのか，放送がスポーツ振興にどのように貢献しているのかといったことを確認することを目的としている．スポーツを広め，多くの人々に楽しんでもらうためにスポーツ放送の果たす役割が大きいことはいうまでもない．同時に，放送メディアにとっては，スポーツは視聴率を確保する有力なコンテンツである．両者にはギブアンドテイクの関係があるといえるが，健全でバランスのとれた関

係を確保することは容易ではない．近年，オリンピックなどのメガイベントの放映権料が高騰して放送業界の負担になっていたり，経済力の低い国では放映が困難になったりする問題が出ている．反面で，放送業界からスポーツにルールやゲームスケジュールの変更を求める圧力が掛かっているという問題の指摘もあるのが現実である．それゆえ，今後のスポーツ放送の望ましい在り方を模索するためには，放送政策の中でスポーツに対する考え方を確立していくことが必要になるだろう．

　以上のように，本書は様々な分野の公共政策とスポーツの関係を明らかにし，分析・検討することを目的としている．一般的なスポーツ関係の文献では，スポーツが主であり，スポーツがどうあるべきか，スポーツをどうするかが基本的な関心となっている．それに対して，本書ではあえて様々な分野の公共政策を主に置いて，その政策の中でスポーツがどのような文脈で登場しているのか，どのように認識され取り扱われているのかを検討することを目的としている．それゆえ，キーワードとしての公共政策について，ある程度の共通理解を確保しておくことが望まれる．公共政策研究の分野でも政策概念や政策の決定・実施・評価などについて確定的な定義があるわけではないが，スポーツに関する諸問題を検討したり議論したりするために公共政策を取り上げるときには留意すべきことが幾つかある．まず，本書においてキーワードともいえる「政策」だが，その意味するところは多様で，使う人によって意味が異なっていたり，文脈によって意味が変わったりするという厄介な問題がある．同じ「政策」を使っていながら，具体的にイメージしているものが全く異なることも珍しくない．次に，政策を分析・検討する際に，政策主体（政策を決定し，実施の責任を有する主体）の視点から見る場合と，政策の名宛て人（政策によって何らかの便益を受けたり，不利益を被ったりする人）の視点から見る場合とがあり，視点の違いによって政策を検討する目的・意義が変わったり，検討の手法が異なったりすることが挙げられる．

　そこで，以下ではまず政策の概念について整理しておくことにする．

2　政策概念を使うに当たって

　「政策」は国語辞書的には「① 政治の方策．政略．② 政府・政党などの方策ないし施政の方針．」[『広辞苑』第六版] と説明されている．例えば，「福祉政策

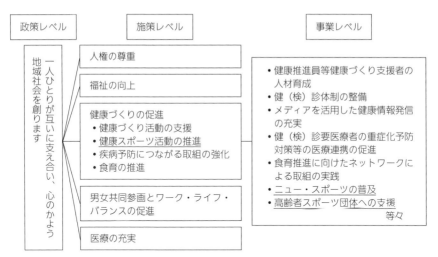

政策レベル	施策レベル	事業レベル

一人ひとりが互いに支え合い、心のかよう地域社会を創ります

人権の尊重

福祉の向上

健康づくりの促進
・健康づくり活動の支援
・健康スポーツ活動の推進
・疾病予防につながる取組の強化
・食育の推進

男女共同参画とワーク・ライフ・バランスの促進

医療の充実

・健康推進員等健康づくり支援者の人材育成
・健（検）診体制の整備
・メディアを活用した健康情報発信の充実
・健（検）診要医療者の重症化予防対策等の医療連携の促進
・食育推進に向けたネットワークによる取組の実践
・ニュー・スポーツの普及
・高齢者スポーツ団体への支援
　　　　　　　　　　　　　等々

図-1　政策・施策・事業の関係の例

出所）筆者作成.

の充実」という場合，国や自治体が福祉に関わる様々な取り組みの質と量を充実させるのだろうと想像がつく．一般的にはこのような理解でさほど支障はないと思われる．しかし，「福祉政策の充実」は単なる方針にとどまり，具体的に何をするかはこれから考えるということもある．逆に，介護サービス従事者の処遇改善のための予算措置を講じるという具体的取り組みを指していることもある．したがって，政策を研究するとか，政策についての議論をする時には，政策が意味しているところをもう少し明確かつ詳細に定めておく必要があるだろう．

　本書は，国や自治体がスポーツに関連してどのような取り組みをしているかに注目していることから，国や自治体の実務に即した検討が中心になる．したがって，これらの実務での用語法に近い理解をしておくことが混乱を避けることになるだろう．そこで，ここでは実務での最大公約数的な使い方に従った整理をする．

　理解しやすいように，市町村で一般的にみられる政策・施策・事業の具体例を示しながら説明することにする[1]．図-1は，平均的な市町村の健康で文化的な地域社会を構築するための取り組みを示した体系図である．特定のどこかの自治体を想定しているのではなく，あくまでも一般例である．

1. 政　策 (Policy)

　政策は，国または自治体として，一定の分野の問題についてどのような方針と理念で取り組むのかを示すものとする．国レベルなら，閣議決定で示される基本方針や「〇〇基本法」などの趣旨や目的で示されているものが相当する．自治体では，総合計画の中の基本構想としてまとめられている部分がそれに相当する．もっとも，実際の基本構想では「施策大綱」など政策とは異なる用語が使われているので紛らわしい．これは，自治体では従来は「政策」という言葉を使っていなかったことの名残である．具体例としては「〈一人ひとりが互いに支え合い，心のかよう地域社会を創ります〉住民の健康で幸せな生活の確立をめざし，保健・医療・福祉の総合的な体系化を目指して施策を充実させます．特に，急速に進む少子高齢社会に備えて，行政の各分野にわたって福祉的配慮を組み入れながら，住民の地域活動をはぐくみ発展させるきめ細かなソフト事業を推進する必要があります．また，ボランティアを含め保健・医療・福祉等を担う人材の確保や養成が重要です．……」といったような表現になる．**図-1** では左端の部分であるが，図にはキャッチコピーにあたる部分だけを記載している．実際には上記のように解説文があり，キャッチコピーと解説が全体として政策を示していることになる．

　このような政策は，法律，条例，各種行政計画の趣旨や目的になることから，法令の目的条文の内容や計画の趣旨・策定の背景などの記述に反映される．とはいえ，国や自治体としてどのような問題を取り上げ，その問題解決のために何を課題として取り組むのか，誰が責任を負うのか等を定めていれば，表現形態は法令，計画，決議でも構わない．逆にいえば，法令や計画には，政策にあたる部分だけではなく，後述の「施策」や「事業」にあたる内容も多く含まれているのである．

2. 施　策 (Program)

　政策を実現するための様々な取り組みを，一定のグループにまとめたものが「施策」である．自治体の総合計画では，「施策の体系」として列挙されていることが多い．上記の政策例に対応した施策としては，**図-1** の中央の列に例示されているようなものが該当する．

　国レベルでは，法律の多くの条項や，計画に盛り込まれている主要な取り組みなどによって具体的に知ることが出来る．自治体では条例や要綱の主要部分

である．例えば，「健康づくりの促進」という施策を具体的に表現するものとして「健康増進法」があると考えられる．また，自治体では健康増進法に基づいて策定される「健康増進計画」の主要部分が施策を表現しているといえる．

図-1では健康・福祉の分野を取り上げているが，施策レベルでは健康を増進させることに貢献するスポーツが登場する．つまり，政策・施策・事業を体系的に見ると，スポーツは様々な体系の中に位置づけられることが分かる．

3. 事 業 (Project)

特定の施策の中に含まれる具体的な取り組みにあたるのが事業である．通常は文字通り「○○事業」という名称が付いていることが多く，予算もこの事業を基準に編成されている．したがって，大半の行政組織はこの事業の執行を仕事としている．**図-1**では右側に示しているものが事業例である．この図の例では，アンダーラインを付した「ニュー・スポーツの普及」と「高齢者スポーツ団体への支援」は健康増進の事業例となっているが，当然，スポーツ政策の分野でも事業例として挙げられることになる．事業レベルになると，様々な政策分野でスポーツという言葉が具体的に登場する．

上述の通り，政策・施策・事業は国や自治体の問題解決や課題達成のための取り組みの体系を，目的 → 手段の連鎖として段階的に整理した概念であるのに対して，法令は国や自治体の取り組みを正当化し，公式化するための法形式である．

ある政策を実現するために，法律・条例を作ることもあれば，計画を策定する場合もある．国民や住民の権利を制約するとか，一定の強制力を必要とする場合には，法律や条令が必要になるが，サービス供給や補助金を提供する場合には計画や要綱で足りる．したがって，「政策・施策・事業」と「法律・条例・計画・要綱等」とは，全く次元の異なる概念であるため，「政策 ＝ 法律」とか，「施策 ＝ 計画」というような対応関係は設定できないことに注意しなければならない．

以上，政策・施策・事業の違いを説明したが，用語法には確定的な合意があるわけではないので，実際には色々な使われ方がある．例えば，政策とは国や自治体が行おうとすることを表したもの全てと捉え，政策・施策・事業を包含するような理解がある．政治学者や行政学者などの研究者を中心に，政策についてこのような理解をする人が少なくない．この場合は，法律案を作成するこ

とが政策作成の一部になるし，事業の企画や予算編成も政策作成と考えられる．したがって，研究者が執筆した著書や学術論文の中で「政策」という用語を使って議論しているとき，実際にイメージしているものが「基本方針」であることもあれば，具体的な「事業」のこともある点に注意しなければならない．

3　公共政策の検討における基本的アプローチ

（1）トップダウン・アプローチ

　次に，公共政策を分析・検討するときの視点の違いについて見ておこう．公共政策に関心があるといっても，誰が何を目的に公共政策を検討しようとしているかによって，アプローチが大きく異なる[2)]．なお，本節では政策を「政策・施策・事業」を包括する概念で使うことにする．

　1950年代に政策そのものを研究対象とすることを特徴とする「政策科学」が登場して以来，様々な政策研究の大きな目的は，政策決定を改善することであった．政策決定に関わる者からすれば，自らが望ましいと考える政策を生み出せることが理想である．しかも，その政策が忠実に実行されて，意図通りの結果になることを求めるものである．そのような欲求に応えることができれば，政策研究の意義は大きいだろう．したがって，政策研究の多くは，政策決定者の立場から分析するという傾向があった．政策研究では，このような視点での分析をトップダウン・アプローチと呼ぶことがある．研究を直接の目的とはせず法令や計画の解説をしている文献も，一般的にはトップダウン・アプローチであるといえる．

　政策決定者には，国民や住民の利益を第一に考える者もいれば，特定の集団の利益や私利私欲を追究する者いる．また，効果が大きくなることを目指すこともあれば，コストの削減を優先することもある．さらには，関係者だけで決めようとする者もいれば，決定に直接関わる権限を有していない人々や，政策に利害関係を持たない人の意見を尊重する決定者もいる．そして，政策決定はひとりの決定者が自由にできるということは希有であり，通常は複雑な政治過程を通じて決定されるものである．したがって，トップダウン・アプローチといっても，政策決定者（しばしば権力者である）の立場での分析や研究だというわけではない．決定には関わっているが，大きな影響力を行使できない人や集団の立場もあれば，現状では政策決定に関わることができない人や集団の立場

から，政策決定の仕組みを変えようとする分析・研究も存在する．

　とはいえ，トップダウン・アプローチの場合は，政策決定の仕組みやプロセスに強い関心があるのが特徴である．政策決定の実態とその課題を明らかにしようとするもの，政策決定の合理性（科学性や経済性など様々な合理性が存在する）を追究し，「理想」の政策を生み出そうとする者，あるいは政策決定の民主性や透明性を高めようとするものなど様々であるが，いずれも政策決定過程とそのアウトプットである政策そのものに焦点が合わせられている．

　もちろん，決定をしただけでは政策の効果を生み出すことはできない．政策は実施されて初めて目的を達することができるのである．したがって，トップダウン・アプローチが政策決定や政策に関心があるとしても，実施を全く考慮しないわけではない．しかし，トップダウン・アプローチにおいて実施に注目するときには，往々にして政策決定者の意図通りに実施されるように，実施に関わる人や集団をコントロールしようとする．せっかく「理想」の政策を生み出しても，実施されなかったり，政策の意図とは異なる実施がなされたりしたのでは元も子もない．政策の実施活動が政策の意図から逸脱しないように，コントロールやマネジメントを有効かつ的確にできるような政策を作っておかなければならないのである．政策決定者が，政策の全過程をコントロールすることを前提にしていることからも，まさにトップダウン・アプローチといえよう．

（2）　ボトムアップ・アプローチ

　政策研究の中で，1970 年代半ばから政策実施に対する関心が高まった．初期の政策実施研究はトップダウン・アプローチが主流であった．すなわち，政策の目的や意図が政策実施過程で実現しなかったり歪曲されたりすることがしばしば生じる現実を明らかにし，その原因を追求することが政策実施研究の中心であった．その研究成果を利用することによって，実施過程をコントロールする仕組みや方法の開発も検討されるようになった．

　しかし，1980 年代以降には，政策実施の現場を研究することを通じて，政策の内容や効果が実質的に定まるのは，政策に直接・間接に関わる様々な人・組織・集団が繰り広げる政策実施過程であることが強調されるようになった．つまり，権力を持っていることが多い政策決定者が政策の実質を決めているのではなく，名もなき市民や権力を持たない政策の対象者たちも加わった政策実施過程こそが実質的な政策決定の場であるという理解が生まれてきたのである．

実際，十分な合意形成が行われないまま強引に決定された政策が，住民の猛反対に遭って頓挫することもあるし，国の政策が全国一律に実施されず，地方の実状に合わせられていることもある．このような事態は，トップダウン・アプローチからすればゆゆしき大問題であるが，政策決定や政策そのものに瑕疵や問題点があったのかも知れない．政策決定（者）は万能ではないし，そもそも決定の段階で完全合理性を追求することは不可能であるから，実質的な政策の内容や効果を政策実施に委ねるとことには，一定の合理性があるといえる．このような，トップダウン・アプローチとは異なる視点からの政策の分析・検討をボトムアップ・アプローチという．

　ボトムアップ・アプローチを提起したことが政策実施研究の大きな貢献のひとつといえるが，様々な政策の実状や実態を明らかにしようとする試みは，政策実施研究と銘打っていなくても多かれ少なかれボトムアップ・アプローチになっている．もっとも，政策を分析・検討する目的は，政策決定の改善や改革であったり，特定の目的を実現できるような政策を生み出すことであったりすることが多いと思われる．その意味では，最終的にはトップダウン・アプローチの性格を持たざるをえないのである．

（3）統合アプローチの必要性

　トップダウン・アプローチとボトムアップ・アプローチの違いを説明したが，いずれかが優れているとか望ましいというわけではない．政策について理解し，政策の改善に関心があるのであれば，トップダウンとボトムアップを統合したアプローチを目指すのが有益であろう．

　トップダウン・アプローチは，政策決定の権限を持ち，決定をオーソライズする決定者（組織・機関を含む）が存在することを基礎に，その決定者が政策過程に携わる者に対して指示・命令を与えることによって政策目的が実現するという，上意下達型のヒエラルキーを前提としている．たしかに，法令や行政計画によって具現化されている政策においては，このようなヒエラルキー構造が存在することは厳然たる事実である．

　一方で，ボトムアップ・アプローチは，政策実施過程には様々なアクターが関与し，時として政策が想定していない利害関係者が登場することから，ヒエラルキーによるコントロールが貫徹しているわけではないと考えている．そのため，横に広がる多くのアクターの相互依存関係としてのネットワークを前提

としている．多くの政策が実施されている自治体においては，ネットワークとして理解する方が実態に合っている．

　このように，トップダウン・アプローチとボトムアップ・アプローチともに実態に即した面を有しており，いずれかで全ての実態を把握しきれるものではない．また，理想的と思われる統制のとれた政策決定システムを構築し，科学的・技術的に最善の政策や，最もコストパフォーマンスの高い政策を生み出したと思っても，ネットワーク状に広がる政策実施過程のことを理解し考慮していなければ有効な政策にはなり得ない．政策過程全体は，ヒエラルキー構造とネットワーク構造が混在しているのである．

　しかし，トップダウンとボトムアップを統合することは容易ではない．人それぞれ社会的な立場があり，特定の問題関心や価値観を持っているため，政策を分析・検討することに特定の目的が生まれているものである．政策を通じて何らかの利益を実現しようとするとき，あるいは政策の決定に関われる立場にあるときは，基本的にはトップダウン・アプローチになるだろう．一方で，政策実施の現場で実施活動そのものに関わり，政策の成果を実感するような立場にあると，ボトムアップ・アプローチになる可能性が高い．ただ，実施の仕組みを変えよう，政策そのものを改善しよう，そして政策の決定プロセスや仕組みを変えようと思うようになると，トップダウン・アプローチをも視野に入れないと現実的な改革はできないだろう．自らの立場や価値観とは異なるアプローチによる分析・検討の成果を参照したり引用したりすることも必要になる．

　自らが政策に関心を持って分析・検討する場合はもとより，政策研究の成果を利用する場合にあっても，どのようなアプローチで政策を分析・検討しているのかを認識しておくことは有益だろう．

4　スポーツから見る公共政策の分析・検討

　本書では，スポーツを直接の対象とする政策ではなく，何らかの目的を追求する際の手段としてスポーツが利用されている政策分野に注目している．アスリートの養成や競技力の向上，スポーツ大会やイベントの実施，あるいは競技人口の拡大などを目的とするいわゆるスポーツ政策そのものは対象としていないのが特徴である．しかし，主たる読者としては，仕事や趣味でスポーツに関わりが深い人たちを想定している．つまり，多くの読者にとっては，スポーツ

の振興やスポーツ関係者の利益拡大は，手段ではなく目的であると思われる．そこで，スポーツに関わる人たちが，スポーツ政策以外の分野での政策の分析・検討を参照する際の留意点を，前述の政策・施策・事業の違いと，トップダウンとボトムアップのアプローチの視点を参考にまとめておくことにする．

　政策目的を追求するための手段としてスポーツを捉えている場合，政策の議論ではスポーツは登場しない．スポーツが登場するとすれば，施策ないし事業の段階である．これは，政策・施策・事業が目的・手段の連鎖であることから考えれば当然のことである．そこで登場するスポーツは，スポーツとは異なる政策分野の目的の達成に貢献する手段でなければならない．つまり，スポーツが事業レベルで利用されているのである．その場合，スポーツ関係者は無関心や無関係に徹することができるのであれば簡単であるが，限られた社会的資源の下では協力や協調を求められることになる．

　例えば，住民相互の関係を強め，ソーシャルキャピタルを高めようとする地域コミュニティの振興政策の分野では，子どもから高齢者までが楽しめるスポーツを活用することがある．多くの人々がスポーツに親しむこと自体は，スポーツに関わる者にとっても大いに共感できることであり，利害も一致する．しかし，コミュニティ振興政策の目的に合わせると，それ程の競技性は要求されないし，スポーツ施設は必要最小限のものでよく，建設費や管理・運営費が限りなくゼロに近いものが求められる．このように，事業レベルでは，スポーツ関係者の考え方と一致しない部分が出てくるのである．スポーツ施設を誰でもいつでも気軽に利用できるようにしたいコミュニティ政策の分野と，公式競技や国際試合にも対応できるスポーツ施設を整備したいスポーツ関係者の考え方にズレが生じているのは周知の通りである．それぞれの政策目的に合致したスポーツ施設を別個に整備できればよいが，社会的資源が限られている今日にあっては，スポーツという共通項で一括りにされるため，共存共栄の道を探らざるを得ない．

　そのために，それぞれの政策分野で政策の下に構築されている施策や事業の体系を知る必要がある．また，政策の決定，実施，評価の全過程がどのようなアクターによって構成され，どのように展開しているのかを解明することも求められる．つまり，様々な政策分野の政策決定において，スポーツに対する正しい理解と認識を持ってもらうために何が必要かを検討するのであれば，トップダウン・アプローチの視点と知見が必要である．一方で，実際にスポーツを

実施する現場での改善を目指そうと思うのであれば，ボトムアップ・アプローチの視点と知見が有意義である．ボトムアップ・アプローチは，多様な価値や利害が錯綜する現場を明らかにしようとしているからである．事業レベルでの実際の活動は，政策決定の段階で想定していたものとは相当異なっていることも少なくなく，現実的な利害調整が行われていることもある．いわゆる縦割り行政の弊害のため，政策決定では考慮されない意見やニーズが，実施段階で考慮され取り入れられることもある．これらの実態をダイナミックに捉えることも必要なのである．

おわりに

　縮小社会といわれる今日，限られた資源を様々な政策分野が取り合うような状況が生じている．しかし，それは消耗戦であり，社会や国民・住民の利益になるとは思えない．多様な価値観を理解し，多くの利害を調整しながら合意形成を進めていくことが求められる時代である．そのためには，これまで常識となっていた政策分野の壁を取り払うことが必要であるが，現実には簡単ではない．スポーツに関する政策を統一的に扱うことを目指してスポーツ庁が設置されたとはいえ，スポーツに関わる全ての事業をスポーツ庁にまとめることは実現していない．政策レベルでは統合できるかもしれないが，事業レベルになると人とお金を伴うため，行政組織は所管する事業をそう簡単に手放さないからである．もちろん，スポーツに親しむ人にはそのような行政の都合など関係ないのだが，色々な影響を受けることになる．

　日常の楽しむスポーツからオリンピックレベルのスポーツまで，スポーツに強い関心や利害関係を持つ人が，スポーツに関わる望ましい政策が策定されることを求め，それに基づいた施策・事業の体系が構築されることを期待するのであれば，スポーツ以外の様々な政策分野の政策・施策・事業についての理解を深めることが重要である．

注 》》》
1)　自治体を中心に政策・施策・事業の使い分けなどがどのように行われているかについては真山［2005］を参照．
2)　ここで論じているトップダウン・アプローチとボトムアップ・アプローチついての議

論は，元々は政策実施研究の中で 1980 年代に登場した ［Sabatier 1986］．そして，90
年代に入ると統合アプローチが登場し，政策実施研究も「第三世代」といわれるよう
になった ［Goggin et al. 1990］．もちろん，議論はまだまだ続いている ［Hupe2014］．
本稿は，政策実施研究の紹介や分析が目的ではないので詳細には検討しないが，政策
を考えるときには，たとえ決定過程や評価に関心があるとしても，政策実施研究から
生まれたとも言えるトップダウン・アプローチかボトムアップ・アプローチかの議論
は参考になるだろう．

参考文献 》》

〈邦文献〉

真山達志 ［2005］「自治体の変容と公共政策」，同志社大学大学院総合政策科学研究科編
『総合政策科学入門（第 2 版）』成文堂.

〈欧文献〉

Goggin, M. L, Bowman, A. M, Lester, J. P, and O'Toole Jr., L. J. ［1990］ *Implementation Theory and Practice: Toward a Third Generation.* Glenview, IL: Scott Foresman/ Little, Brown and Company.

Hupe, P. ［2014］ "What happens on the ground: Persistent issues in implementation research," *Public Policy and Administration*, Vol. 29(2).

Sabatier, P. A. ［1986］ "Top-Down and Bottom - Up Approaches to Implementation Research: A Critical Analysis and Suggested Synthesis." *Journal of Public Policy*, No. 6.

第 1 章　教育政策におけるスポーツ

黒澤寛己

はじめに

　本章では，学校教育とスポーツの関係について，教育政策の視点から考察する．その方法は，歴史的な展開，現状とその問題点，解決すべき課題とその方策を提示することである．

　前章において，「政策」の概念について説明されているが，ここでは学校教育における体育・スポーツと政策・施策・事業の関係について**表1-1**のように整理する．まず，国レベルの教育政策は，教育基本法や学校教育法といった教育関連法規によって，その理念が示されている．戦前は「教育勅語」がその役割を果たしていたが，戦後は教育基本法が制定され，教育の目的として「人格の完成」を目指すことが示された．

　そして，その目的を具現化するため約10年ごとに「学習指導要領」が改訂され，学校教育の教科や指導内容の取り扱いについて具体的な教育施策の方針が告示される．最終的には，その施策に応じて教育委員会や各学校が教育課程を編成し，授業や行事など細かな教育事業を実施するのである．

　新しい学習指導要領は，2016（平成28）年から2024（令和6）年度にかけて，順次改訂実施されている．その中で，体育・スポーツに関しては，「生きる力」の重要な要素である「健やかな体」を育成することはもちろんのこと，体力の

表1-1　学校教育における体育・スポーツと
「政策・施策・事業」の関係図

政策レベル	施策レベル	事業レベル
教育基本法 学校教育法	学習指導要領 学習指導要領解説 ・教科「保健体育」 ・特別活動 「健康安全・体育的行事」 「クラブ活動（小学校）」 ・運動部活動	保健体育科の授業 特別活動 　・健康安全・体育的行事の実施 　・クラブ活動の実施 運動部活動の実施

出所）　筆者作成.

17

向上や健康の保持増進，さらには生涯にわたって「豊かなスポーツライフ」を実現することが期待されている．

　しかし，これらの実現に関しては，「学習指導要領」が法的拘束力を持つため，その教育内容は限定される．主な内容は，教科「保健体育」，「特別活動」（「健康安全・体育的行事」と「クラブ活動（小学校）」，そして教科外の「運動部活動」が該当すると考えられる．

　本章ではこれらの活動に焦点を当て，教育政策の視点から学校教育とスポーツの関係について検討する．なお，本章で使用する用語については，教育政策や学校教育を論じるため，「体育」とは身体の教育，つまり教育の一領域を意味し，「保健体育」は教科の名称，「スポーツ」はそれらの教材であるとして論を進めることとする．

1　保健体育科教育

（1）保健体育科教育の政策史（戦前）

日本の学校教育制度において，「体育」が導入され，「スポーツ」が教材として用いられたのは 1872（明治 5）年の「学制」公布後からである．当時，「富国強兵」や「殖産興業」といった目的を実現させるために，体格・体力の面で欧米諸国に劣っていた日本は，小学校に「体術」と「養生法（現在の保健）」を位置づけた．

　その後，1879（明治 12）年に教育令が発布され，学校教育の中に「体操」が設置され，1886（明治 19）年に「体操」が正課として小学校の科目に加えられた．この間，体操の授業に遊戯や兵式体操が組み込まれ，内容が多様化する．さらに，中学校や師範学校では「撃剣」や「柔術」が科目として加わることとなった．

　大正・昭和に入り満州事変が勃発すると，学校体育の内容も戦争の影響を受けるようになる．国防や戦争遂行に直接影響する学習内容に年々変化していった．具体的には，歩兵の整列，行進，移動を想定した「教練」や，精神的訓練に重点をおいた「武道」の導入である．

　一方，「養生法」はその内容である健康保持や公衆衛生について，日常生活や学校生活などの生活習慣に定着させるため，1879（明治 12）年以降は「修身」の内容として統合されるようになった．さらに戦時体制においては，体錬科の

中に「衛生」として位置づけられ「身体の清潔」「皮膚の鍛錬」「救急看護」の
3つの内容が指導されるようになった.

（2） 保健体育科教育の政策史 （戦後）

　1945（昭和20）年8月15日の終戦により, 日本の教育政策は全ての面で大き
な変革を迫られた. 文部省（当時）は同年9月15日に「新日本の建設の教育方
針」を発表し, 国家主義や軍国主義的な思想及び教育施設を排除することを強
調し, 新たな平和国家建設のための教育を目指した. しかし, 連合国総司令部
（GHQ）最高司令官マッカーサーは, 同年10月22日に「日本教育制度に対する
管理政策」という覚書を日本政府に示し, さらに大幅な変更を要求した. その
後, GHQと日本政府との様々な交渉が行われた結果, 学校体育に関しては,
戦前に軍国主義教育に利用された軍事教練や武道を学校教育から除外すること
になったのである.

　そして, これらの混乱が落ち着いた1946（昭和21）年ごろから, 文部科学省
内に学校体育研究委員会が設けられ,「学校体育指導要綱」の原案となる答申
が作成された. それらをもとに,「民主主義的」教育の領域として教科「保健
体育」が成立し, GHQの民間情報教育局（CIE）の検閲を受けた後, 学習指導
要領（試案）に明示された.

　その後, 保健体育は, アメリカの「経験主義教育」や, 高度経済成長の影響
を受けた「体力づくりを重視した目標」, さらには「ゆとり教育」「個性化教
育」に対応した「楽しさを重視した目標」など, 社会的な要請を受けながら約
10年ごとに学習内容を改訂してきた.

　表1-2は, 学習指導要領に示されている保健体育科の各分野・領域の指導内
容をまとめたものである. ここでは, 小・中・高校12年間の指導内容の明確
化・体系化を図るために小学校1年から4年までを「各種の運動の基礎を培う
時期」, 小学校5年から中学校2年までを「様々な運動を体験する時期」, 中学
校3年から高校3年までを「生涯スポーツに向け運動を選択し深めていく時
期」の3期に分けた構成となっている.

表 1-2　保健体育科　各分野・領域の指導内容

小学校 1・2 年	小学校 3・4 年	小学校 5・6 年	中学校 1・2，3 年	高等学校
体つくりの運動遊び	体つくり運動			
器械・器具を使って の運動遊び	器械運動			
走・跳の運動遊び	走・跳の運動	陸上運動	陸上競技	
水遊び	水泳運動		水泳	
ゲーム		ボール運動	球技	
表現・リズム遊び	表現運動		ダンス	
なし			武道	
なし			体育理論	
なし	保健		保健	

出所）　筆者作成.

2　新しい学習指導要領

（1）　学習指導要領改訂のスケジュール

　ここでは学習指導要領がどのような経緯で改訂されているのかについて図
1-1 を用いて説明する．まず，文部科学大臣が国内外の社会情勢を踏まえ，向
こう 10 年あるいは 20 年先を見通して児童生徒にどのような資質や能力を身に
付させればよいかについて，中央教育審議会（以下，中教審）に諮問する．その
際，諮問理由が添えられる．

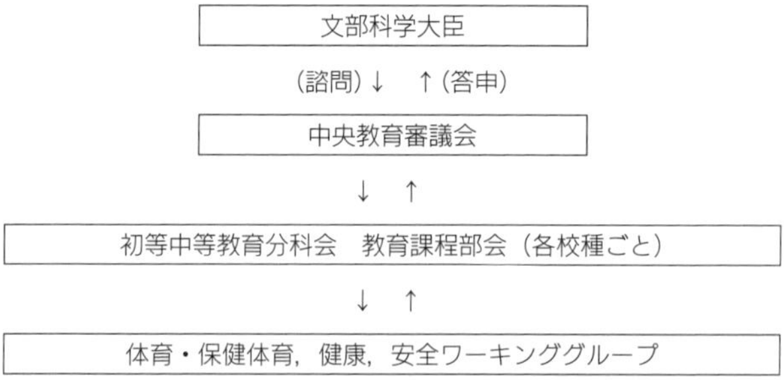

```
┌─────────────────────────────┐
│        文部科学大臣           │
└─────────────────────────────┘
    (諮問)↓    ↑(答申)
┌─────────────────────────────┐
│       中央教育審議会          │
└─────────────────────────────┘
         ↓    ↑
┌─────────────────────────────────────────┐
│ 初等中等教育分科会　教育課程部会（各校種ごと）  │
└─────────────────────────────────────────┘
         ↓    ↑
┌─────────────────────────────────────────┐
│ 体育・保健体育，健康，安全ワーキンググループ     │
└─────────────────────────────────────────┘
```

図 1-1　学習指導要領改訂の組織図

出所）　[本村 2016：31] をもとに筆者作成.

要請を受けた中教審は，初等中等教育分科会内に教育課程部会を設け，各校種ごとの教育課程について議論を重ねる．さらに校種ごとに各教科等のワーキンググループにおいて，より専門的な議論が行われる．今回の保健体育科の改訂については「体育・保健体育，健康，安全ワーキンググループ」で検討がなされた．それら審議された結果を再度教育課程部会や中教審総会で審議し，最終的にまとまったものを文部科学大臣に答申を提出する．なお，保健体育に関する所掌事務は「スポーツ庁政策課学校体育室」が担当している［本村 2016：30-31］．

　今回の改訂では，中教審への諮問が 2014（平成 26）年に行われ，2016（平成28）年に答申が出された．その後の告知，周知・徹底及び教科書検定期間を経て，小学校 2020（令和 2）年，中学校 2021（令和 3）年，高等学校 2022（令和 4）年から順次実施される．このように諮問から全面実施までに 8 年の長い歳月をかけて改訂が行われるのである．

（2）　中教審答申と保健体育科の指導内容

　2012（平成 20）年に行われた前回改訂は，教育基本法の改正により明確になった教育の目的や目標を踏まえ，知識基盤社会でますます重要になる子供たちの「生きる力」をバランス良く育んでいく観点から見直しが行われた．今回の中教審答申では，保健体育・スポーツに関する分野の成果として「運動やスポーツが好きな児童生徒の割合が高まったこと」「体力の低下傾向に歯止めがかかったこと」などを挙げている．しかし，課題として「運動する子供とそうでない子供の二極化傾向」や「スポーツを『する』のみならず『みる，支える，知る』といった多様な視点からの関わりを考えること」を挙げている［中教審2016：186-187］．

　これらを踏まえ，保健体育科の目標は，「知識・技能」，「思考力・判断力・表現力等」「学びに向かう力・人間性等」の育成を目指す資質・能力の三本柱に沿って示されている．そして，これらの学習を実生活に活かし，豊かなスポーツライフを継続することができるよう，指導することが求められている．

　特に，今回の改訂で重要となるのは「主体的・対話的で深い学び」（アクティブ・ラーニング）の実現に向けた授業の改善である．これまで以上に，児童・生徒が互いに話し合いながら各自の課題を解決するため深く考え学ぶことが必要であるとされている．

（3） 保健体育科教育の今日的課題

　ここまで，日本の保健体育科教育の政策史について検討を試みた．その結果，次の2点のことが明らかとなった．1つ目は，戦前戦後を通じて体力や体格，運動技能の向上を目的とする「体育」分野と，健康や公衆衛生の向上を目的とする「保健」分野が，ともに教育政策として重視されていることである．2つ目は，他の教科と比較して，その時代における政治的なイデオロギーが政策全般に直接影響を与えていることである．戦前は軍事力や労働力としての体力・精神力の向上，戦後は民主主義的な内容となっているものの，高度経済成長を支えるための体力向上や，国際競技大会での競技力向上などの内容が組み込まれている．近年は，高齢化社会への対応として，生涯学習や健康学習の効果も期待されている．

　このように，保健体育科教育がこれまで果たしてきた役割は，学校体育施設を活用して広く国民にスポーツの基本技能や，保健知識の習得を促したことである．そして，そのことが日本のスポーツ人口拡大や健康増進の一助となっている．

　しかし，現代の日本社会にスポーツが文化として人々の生活に定着しているかという点については，まだまだ不十分であり，課題があるといえよう．事実，スポーツ組織におけるガバナンスの欠如，指導者による非科学的なトレーニングや体罰・暴言などのハラスメント，スポーツ選手によるドーピングや暴力などスポーツ倫理に関する問題が多数発生している．

　保健体育科には，「体育理論」領域があり中学校で各学年3単位時間以上，高校では6単位時間以上，主に教室で知識や理論について指導することとなっている．その内容は，スポーツ倫理学や科学的なトレーニング法などが含まれており，上記の問題解決に必要不可欠な知識である．

　また，「保健」分野についても中学・高校の「3学年間で48単位時間程度配当すること」と示されており，その内容はスポーツに関することだけでなく感染症の発生要因や予防法，さらには自然災害への備えや避難方法，応急手当の方法など，児童生徒の生命に直接関わる内容が含まれている．ただ，実際の学校現場では，これら理論の授業は，雨天時における実技の代替や，生徒に興味関心を持たせることが難しいという理由で，所定の時間数に満たないケースも見受けられる［村瀬他2017：1-5］．

今後は，これら保健体育の理論に関する授業を通じて，単なるスポーツの技能向上だけでなく，スポーツを支えることや見ること，調べることなど多様な関わり方や楽しみ方があることを指導していく必要があろう．

3 特別活動

特別活動とは，学習指導要領に示されている教科外の活動であり，「様々な集団活動」を通じて，人間関係や自己の生き方を考える教育活動である．具体的な活動は，**表1-3**のように，共通した3領域（小学校は4領域）から構成されている．

体育・スポーツとの関連では，小・中・高校に共通して設定されている「学校行事」の「健康安全・体育的行事」と小学校の「クラブ活動」が該当する．「健康安全・体育的行事」は，運動会や体育祭，球技大会やスポーツ大会などの体育的行事，避難訓練や防犯訓練などの安全に関する行事，発育測定・検診や薬物・喫煙，食育などの健康に関する行事に大別される．小学校の「クラブ活動」は，主として4年生以上の同好の児童によって，自主的に取り組む活動のことである．

（1） 特別活動の歴史的変遷

欧米では，19世紀ころから近代スポーツが学校の課外活動に取り入れられていた．例えばイギリスのパブリック・スクールでは，クリケットやサッカー，

表1-3　特別活動の内容

小学校	中学校	高等学校
学級活動	学級活動	ホームルーム活動
児童会活動	生徒会活動	生徒会活動
学校行事 (1)儀式的行事 (2)文化的行事 (3)健康安全・体育的行事 (4)遠足・集団宿泊的行事 (5)勤労生産・奉仕的行事	学校行事 (1)儀式的行事 (2)文化的行事 (3)健康安全・体育的行事 (4)旅行・集団宿泊的行事 (5)勤労生産・奉仕的行事	学校行事 (1)儀式的行事 (2)文化的行事 (3)健康安全・体育的行事 (4)旅行・集団宿泊的行事 (5)勤労生産・奉仕的行事
クラブ活動		

出所）文部科学省［2018a；2018c］をもとに筆者作成．

ラグビーなどの団体種目が，クラス対抗や学校対抗の試合によって学校行事として定着していた．20世紀に入るとアメリカでアメリカンフットボールやバスケットボールなどの新しいスポーツが課外活動で実施されるようになった．

　日本では1891（明治24）年に「小学校祝日大祭日儀式規程」が交付され，祝祭日に儀式的行事を行うことが定められた．その後，小学校などで，団体競争や隊列運動を中心とした運動会が開催されるようになった．その際，隊列を組んで運動会の会場まで移動することを「遠足運動」と呼んでいた．これが「遠足」行事の原点であると考えられている．

　戦時中は，学校での教育活動そのものが軍事的な教育として利用されるようになり，運動会では集団戦闘的な種目が重視され，学芸会などでは戦争にまつわる内容が演じられるようになった〔深見2013：37-39〕．

　戦後は，学習指導要領において「自由研究」（1947（昭和22）年），「教科以外の活動」「特別教育活動」（1951（昭和26）年），などの名称を経て，「学校行事等」の内容を含む，「特別活動」として学校教育の中に定着した．

（2）「健康安全・体育的行事」と「クラブ活動」の現状

　ここでは，実際の小学校の学校行事とクラブ活動を事例として，その現状について説明する（**事例1**）．小学校学習指導要領［文部科学省2018c：187］では，「健康安全・体育的行事」について「心身の健全な発達や健康の保持増進，事件や事故，災害等から身を守る安全な行動や規律ある集団行動の体得，運動に親しむ態度の育成，責任感や連帯感の涵養，体力の向上などに資するようにすること」と示している．運動会や各種スポーツ大会の実施については，各学校が児童や地域の実態に応じて，行事間の関連や統合を図るなど精選して実施している．

　事例1のA大学附属B小学校の特徴は，児童や地域の実態に応じて多くの行事を計画・実施していることである．特に，災害に対する避難防災訓練と運動会を中心に水泳やスキーなどのスポーツ種目に関する行事を実施している．

　「クラブ活動」は，かつて中学校と高校にも設置されていたが，中学校は1998（平成10）年，高校は1999（平成11）年の改訂で廃止となり，教育課程外の部活動に統合された．詳しい変遷については，次節で説明する．

　B小学校では，体育系6クラブと文化系8クラブが設置されており，主な活動は月に1回程度，主に水曜日6時間目（45分）に，年間12〜17時間程度設

事例1　A大学附属B小学校　健康安全・体育的行事とクラブ活動

児童数 624 名（男子 318，女子 306 名）　1 学年 3 クラス
校長 1 名，副校長 1 名，教諭 18 名　常勤講師 6 名　非常勤講師 4 名

「健康安全・体育的行事」
健康に関する行事＝発育測定　視力検査　内科検診　耳鼻科検診　歯科検診
安全に関する行事＝地震避難訓練　防災食体験　宿泊型防災訓練
体育的行事＝スポーツテスト　運動会　プール開き　放課後水泳
　林間学舎（4 年）　臨海学舎（5.6 年）　スキー教室（6 年）
　耐寒かけ足　スポーツウイーク

「クラブ活動」
体育系（6 クラブ）
タグラグビー，サッカー，ドッジボール，ソフトボール，バドミントン，卓球
文化系（8 クラブ）
読書，家庭科，プログラミング，イラスト・工作，科学実験，将棋・カルタ

出所）　A 大学附属 B 小学校行事予定表をもとに筆者作成．

定されている．

　B 小学校の副校長によれば「学校の特色を打ち出そうとすると，様々な行事に取り組む必要がある．このことで教員は授業の教材研究と並行して行事の準備や事前指導を行わなければならない」と述べ，行事日程の過密と教員の多忙化を指摘している．また，クラブ活動が設定されている時間には「児童会活動（委員会活動）や行事が重なり，充分な時間数が確保することができない．また，運動場や体育館など限られた施設を複数のクラブが練習場所として共有するため，安全確保が充分ではない」など運営面の課題についても言及している．

（3）　特別活動の今日的課題

　以上，特別活動における体育・スポーツに関する取り組みについて説明した．これまで特別活動では，行事やクラブ活動を通じて，教科では体得することが難しい集団での責任感や協調性を身に付けるための活動が行われてきた．さらに，運動会などの体育的行事は，児童・生徒の活動だけでなく，保護者や地域住民も協働して行事に取り組むことで，学校経営にも貢献してきた．そして，健康・安全行事は学年や学校全体で健康安全や保健に関する意識を高める貴重な教育活動でもあった．具体的には，災害時の避難行動で児童・生徒の生命が守られたことや，インフルエンザなどの集団感染症に対して，手洗い・うが

い・マスク着用などの感染予防行事などを行うことで，感染防止の役割も果たしてきた．

　しかし，運営面や指導面での課題はまだまだ残っている．特に体育的行事は，事故や怪我のリスクが付きまとう．具体的な事例では，近年大きな事故が多発している「組立体操（組体操）」の実施である．組立体操は，学習指導要領の教科や特別活動に明示されていないにも関わらず，小中学校の運動会で大々的に実施されてきた．B小学校でも数年前までは3段以上の組立体操に取り組んでいたが，事故のリスクや教育委員会からの通達により取り止めたとのことである．

　また，冬季の厳寒の中，多くの学校で行っている長距離走やマラソン大会では，10〜15 kmなどの長距離が設定されている中学校の事例もあり，毎年体調を崩す生徒がいる．さらに，かつては10月頃に実施されていた運動会や体育祭が，行事日程の過密化により残暑厳しい9月初旬に設定されるようになり，毎年予行練習や体育祭当日に熱中症などで児童・生徒が救急搬送される事例も数多く発生している．

　これらのリスクを内包する行事は，各学校の伝統として，毎年慣習的に実施されているが，今後は体育・スポーツに関する科学的な知見を取り入れた上で，行事の開催方法や内容を精選していく必要がある．また，これら行事に関しては教員の指導力向上の観点から各学校や教育委員会の研修を通じて，指導方法や取り組み内容について現代に適応したものに改善する必要がある．

4　運動部活動

（1）戦前の運動部活動

　現在の中学校や高等学校における運動部活動の起源は明治時代に遡ることになる．当初，大学などの高等教育機関でスポーツを愛好する学生たちによって，運動部が自然発生的に組織された．その影響で，旧制中学校においてもボートや野球などの外来スポーツや柔道・剣道など武道の運動部が組織されるようになった．特に，大正時代に入ると頻繁に対外試合が行われるようになり，競技人口の増加に伴い全国大会が開催されるようになった．その中でも野球の人気が高く，1915（大正4）年には第1回全国中等学校優勝野球大会が開催されるようになった．その他の種目も，明治神宮国民体育大会などが開催され，部活

動が過熱化したのである．また，競技力の向上とともに，オリンピックなどの国際競技大会にも部活動に所属する生徒や卒業生が参加するようになった．

その後，戦時体制になり，1941（昭和 16）年には野球・テニスなどの外来スポーツは敵性スポーツと認定されるようになる．戦局の悪化に伴い，グライダー競技や手りゅう弾投げのような競技が推奨されたが，1943（昭和 18）年 9 月には対外試合や活動の禁止が通達された［井上 1970：251］．

（2） 戦後の運動部活動

終戦により，運動部活動は民主的なスポーツ活動として再スタートを切ることになった．ここでは，表 1-4［神谷 2015：254］を用いて，学習指導要領（中学校・高校）における部活動とクラブ活動の変遷について説明する．まず，新しい教育制度がスタートした際に，クラブ活動と部活動の区別は曖昧で 1947（昭

表 1-4　学習指導要領（中学校・高校）上のクラブと
部活動の取り扱いをめぐる変遷過程

時期	改訂年	教育課程	教育課程外
①	1947（昭和 22）年	クラブ（自由研究）	
②	1951（昭和 26）年	クラブ（特別教育活動）	
③	1958（昭和 33）年（中学） 1960（昭和 35）年（高校）	クラブ （特別教育活動）	
④	1969（昭和 44）年（中学） 1970（昭和 45）年（高校）	クラブ（必修） （特別活動）	部活動
⑤	1977（昭和 52）年（中学） 1978（昭和 53）年（高校）	クラブ（必修） （特別活動）	部活動
⑥	1989（平成元）年	クラブ（必修）⇔選択可能⇔部活動 （特別活動）	
⑦	1998（平成 10）年（中学） 1999（平成 11）年（高校）		部活動
⑧	2008（平成 20）年（中学） 2009（平成 21）年（高校）		部活動
⑨	2021（令和 3）年（中学） 2022（令和 4）年（高校）		部活動

出所）神谷［2015：254］

和 22）年学習指導要領（試案）において，「自由研究」の中にクラブ活動が位置づけられることになった（時期①②）．時期③では，学習指導要領が法的拘束力を持つこととなり「特別教育活動」内のクラブ活動として，全員必修として実施されることとなった．時期④⑤では，クラブ活動は時間割の中（週1時間必修）に組み込まれ，部活動は生徒の自主的な活動として放課後に行うこととなった．

この間，部活動を社会体育へ移行することも模索されたが，具体的な制度を設計することができず，徐々にクラブ活動が形骸化することとなった．そして，時期⑥では，部活動での活動をクラブ活動の単位に読み替える「代替措置」が取られるようになった．

時期⑦では，「総合的な学習の時間」が新設されたことなどにより，必修クラブが廃止される．しかし，多くの学校で部活動が継続されていたので，時期⑧で学習指導要領総則に，初めて学校教育の一環として実施することが明確に示されたのである．新しい学習指導要領（時期⑨）においても，「学校教育の一環として教育課程との関連が図られるように留意すること」として部活動の運営について示されている．

学習指導要領総則に明示されたことで，部活動が学校教育の一環であることが明確になり，部活動の問題が一層表面化したと考えられる．例えば，部活動の指導に関しては，2012（平成24）年12月に高校バスケットボール部員が，顧問教員の体罰を苦に自殺した事件や，2007（平成19）年に高校テニス部員が熱中症による後遺障害を負った事例など，学校や顧問教員の責任が問われた事例がある．

また，顧問教員については，部活動による勤務時間の増加［文部科学省初等中等教育局：2017］や，競技経験や指導経験の不足［日本体育協会：2014］などが社会問題として捉えられるようになった．これらの対策として文部科学省とスポーツ庁は次の2つの施策を打ち出したのである．

1つ目は，2018（平成30）年3月に作成されたスポーツ庁による「運動部活動の在り方に関する総合的なガイドライン」の作成である．それには，部活動に関する運営方法や環境整備についての指針が示されている．特に，「適切な休養日等の設定」では，これまで各学校や顧問教員の裁量に任されていた練習日や練習時間について，週当たり2日以上の休養日を設けることや，1日の活動時間を長くとも平日では2時間，休業日は3時間程度とするなど，具体的な

活動日や時間について指針が示された.

　2つ目は，2017（平成29）年4月に施行された「部活動指導員」である. 部活動指導員は，学校教育法の改正により（学校教育法施行規則の一部を改正する省令第4号）学校職員として制度化されたものである. 従来の外部指導者は，生徒の技術指導のみに限定されていたが，この制度では，学校外での大会・練習試合等の単独引率が可能になることや，校長が単独で顧問を命じることができるようになった. 顧問教員の業務負担軽減のために導入された制度であるが，現時点では各学校に適した人材確保や予算措置などの面で多くの課題を抱えている.

（3） 部活動指導の現状

　ここでは，現状の部活動が学校教育の中でどのように運営されているかについて，中学校の具体例をもとに説明する（事例2）. X市立Y中学校では，体育系と文化系の15部を35名の教員と2名の部活動指導員で担当している. 指導については，X市の「運動部活動ガイドライン」に準じて，平日2時間程度，休日は3時間程度，平日1日（水曜日），休日1日を休養日に当てている. 指導手当てについては，顧問教員が休日などの勤務時間外に3時間以上の練習や試合の指導をした場合は，X市の規定により3600円の特殊勤務手当が支払われている. 部活動指導員については，週に8時間以内の指導が条件となっており，1時間に付き1800円の手当が支給されている.

　Y中学校教頭（元指導主事，X市運動部活動ガイドライン作成担当）によれば，「学校内ではガイドラインを活用することによって練習時間の短縮が図られている. 統一休養日の設定により，生徒の負担軽減とともに，顧問教員の勤務時間が軽

事例2　X市立Y中学校　部活動の指導体制

生徒数　531名（2020年7月31日現在）　部活動担当教員数　35名　部活動指導員　2名

設置部活動
体育系（10部）
野球，サッカー，バスケットボール（男子），バスケットボール（女子），バレーボール，卓球（男子）卓球（女子），剣道，ソフトテニス，陸上競技

文化系（5部）
英語，合唱，美術，園芸，吹奏楽

出所）X市立Y中学校　顧問一覧表をもとに筆者作成.

減されている．そのことにより，教員は教材研究などの時間を確保できている」とのことである．今後は，「部活動の指導に関して科学的な知見を取り入れた練習や短時間での集中した練習に取り組んでいきたい」とのことであった．

（4） 部活動指導の新しい指導法

　以上，運動部活動の歴史的変遷と現状について説明した．運動部活動は，これまで学校教育の一環として，生徒が身近な仲間と少額の負担でスポーツを親しむ機会を提供してきた．さらには，日本中学校体育連盟や全国高等学校体育連盟などを中心に全国的な規模の大会を実施することで，スポーツの競技力向上にも貢献してきた．学校経営の面においても，放課後や休日の教育活動として，生徒指導の役割や生徒の交流の場としての機能も果たしてきた．

　運動部活動指導のガイドラインが作成されたことにより，多くの学校ではこれに沿った運営・指導が行われようとしている．その際，「これまでと同様の部活動による教育効果を維持することが難しい」との意見が現場の教員から出されている．例えば，競技力の向上に必要な練習時間が足りないことや，休日が増えることによって，生徒指導事案が増えるなどである．また，学校外の施設や地域クラブなどの別団体で部活動と同様の練習を行うことができるのか，なども問題視されている．

　これらの諸課題の解決とガイドラインの趣旨を活かした指導方法について，現在では様々な指導法が試行・実践されている．ここでは，次の2つの事例を説明する．

（5） ボトムアップ理論による部活指導

　この方法は，元広島県立広島観音高校サッカー部監督の畑喜美夫によって考案された指導法である．この指導法は，部員が練習メニュー，メンバーの選考，チーム運営のすべてを話し合い，決断して実行するという方法である．そのため，部の組織構築には次の3点を重視している．1つ目は「量より質の練習（週2回の全体練習）」である．放課後の全体練習は週に2回であとの3日は休みで，土・日に試合を行うことが基本のスケジュールとなる．

　2つ目は「信頼と絆（2冊のサッカーノート）」である．顧問と部員，部員同士で信頼を深めるため，試合の反省などを書き込むサッカーノートと休みの日のトレーニングプランやプライベートのことを書く「コミュニケーションノー

ト」を活用することである.

　3つめは「自主自立の精神（選手がチーム運営）」である. これは選手らが自主的・主体的に部の運営に取り組むことである. 顧問は, 部員に対してコミュニケーションの基本となる「挨拶」の指導, そして, 自分の意思を（はい・いいえ）と言えるように,「返事」の指導, 最後に練習場や部室などあらゆる場面での「後片付け・3S（整理・整頓・掃除）活動」などの指導を行い, その他は生徒の自主性に委ねている［畑2017：12-15］.

（6）原田式部活動指導

　この指導方法は, 元大阪市立松虫中学校陸上競技部顧問の原田隆史が考案したものである. これは, 長期目的目標設定用紙や日誌, ルーティーンチェック表など独自の部活動指導教材を活用した方法である. まず, 部活動で達成したい目的・目標について部員に作成させる. その際, 試合で優勝するなどといった有形の目標だけでなく,「自信が付く」や「親に喜んで貰いたい」などの無形の目標も記入する. そして, それらを達成するために毎日のルーティーン行動を記入し, 日誌を活用してその日の振り返りを行うのである.

　練習については, 顧問が指示するのではなく, 各部員が自分の課題に応じて, 自分で練習メニューを確認して取り組むのである. そのため, 短時間で効率的な練習となり, 最大限の効果が発揮できるのである［原田2020：45-51］.

　現在, これら生徒の自主性・主体性を重んじた指導方法は, 多くの中学校や高等学校で積極的に採用され, その教育的効果について検証されようとしている. 部活動ガイドラインや部活動指導員については, 導入して間もないことから, 指導方法や運営方法などに多くの課題を抱えている. 今後, 事例に挙げた指導方法などの検証を継続して, 生徒や種目に応じた部活動の指導・運営に関する研究が必要である.

おわりに

　本章では, 学校教育とスポーツの関係性について, 教育政策の視点から検討した. これまでの学習指導要領の変遷やその内容を検証した結果, 教科「保健体育」では, 実技の指導に加えて理論の指導が重要であることが明らかとなった. 特別活動においては, リスク管理を徹底して, 他の行事や委員会活動, ク

ラブ活動との関連を重視した計画・運営を図る必要があることが分かった．運動部活動の指導においては，新しく策定されたガイドラインに準じた指導方法の試行及び検証の必要性を示した．

　こうしたことから，今後は教科「保健体育」で学んだことを体育的行事や部活動で活用する，部活動で体験したことを教科で発表するなどの「横断的」な教育課程を構築する必要となる．これについては，今回の学習指導要領で提唱されているカリキュラム・マネジメントの概念を用いて，各学校の教育課程全体を見直すべきであろう．

　また，小学校の体育授業やクラブ活動で学習したことを活かして，中学校・高校，そして大学生，社会人におけるスポーツライフを豊かなものにするよう，各自のスポーツ・キャリア（経験）を「系統的」に捉えなおす必要もあるだろう．

　これに関連して，2019（平成31）年3月1日にスポーツ庁が，全米大学体育協会（NCAA）をモデルとした，「大学スポーツ協会（通称UNIVAS）」（以下，UNIVAS）を設立した．この組織の具体的な活動は「学力充実」「安全安心」「マネジメント」の3つであり，これらの柱を軸に，UNIVASが各大学・各学生スポーツ連盟とステークホルダーをつなぐことで好循環のサイクルを生み出そうとしている［スポーツ庁2017］．このような，大学スポーツの充実は，生涯にわたっての豊かなスポーツライフ実現に大きな影響を与えることが期待されている．

　最後に，これまで日本の体育・スポーツは学校教育とともに発展してきた歴史がある．現在，文部科学省を中心に部活動指導を社会体育や民間企業へ移行する案が検討されている．しかし，本章での議論からも明らかなように，部活動は長い年月をかけて学校文化として定着してきた．それを学校教育に代わる受け皿となる環境を十分に整備することなく，安易に外部へ委託することは問題の解決にはならない．そのためには，部活動を補完するための予算や人材・施設設備などの環境を整備した上で，自主性や主体性など教育的視点を持った指導・運営をできることが重要である．

　今後は，学校教育における体育・スポーツ活動を他の関係機関と協力しながら「横断的」かつ「系統的」に指導・運営していくことが日本の体育・スポーツの発展につながると考えられるのである．

参考文献 》》》

井上一男［1970］『学校体育制度史増補版』大修館書店．

神谷拓［2015］『運動部活動の教育学入門－歴史とダイアローグ』大修館書店．

京都市立中学校部活動の在り方に関する検討委員会［2019］『京都市立中学校部活動ガイドライン』．

黒澤寛己他［2019］「体育科教育とスポーツマンシップ」『スポーツマンシップ論』晃洋書房．

公益財団法人日本体育協会［2014］『学校運動部活動指導者の実態に関する調査報告書』．

佐藤豊編［2017］『平成29年版中学校新学習指導要領の展開保健体育編』明治図書．

白旗和也［2017］『平成29年度小学校新学習指導要領の展開体育編』明治図書．

スポーツ庁［2017］『日本版NCAA創設に向けた学産官連携協議会資料』2017年9月28日配布資料．

―――〔2018〕『運動部活動の在り方に関する総合的なガイドライン』．

中央教育審議会［2016］幼稚園，小学校，中学校，高等学校及び特別支援学校の学習指導要領等の改善及び必要な方策等について（答申）．

友添秀則［2020］「スポーツと体育の概念的相違　スポーツと体育は何が違うのか」，遠藤和明・馳浩編著『スポーツフロンティアからのメッセージ　新時代につなげたい想い』大修館書店．

畑喜美夫［2017］『チームスポーツに学ぶボトムアップ理論』株式会社カンゼン．

原田隆史［2020］『書いて鍛えて強くなる！原田式メンタル教育』日本経済新聞出版本部．

深見俊崇［2013］「特別活動の成立と発展」，田中智志・橋本美穂監修，犬塚文雄編著［2013］『新・教職課程シリーズ特別活動論』一藝社．

村瀬浩二・流川鎌語・三世拓也［2017］「体育理論の実施状況と実施内容に関する考察『和歌山大学教育学部紀要教育科学第67集』和歌山大学教育学部．

本村清人［2016］『「知・徳・体」を育む学校体育・スポーツの力』大修館書店．

文部科学省［2018a］『中学校学習指導要領（平成29告示)』．

―――［2018b］『中学校学習指導要領（平成29告示）解説保健体育編』．

―――［2018c］『小学校学習指導要領（平成29告示)』．

文部科学省初等中等教育局［2017］「教員勤務実態調査（平成28年度）の集計速報値）について」．

第2章　都市整備政策におけるスポーツ

内藤正和

はじめに

　私たちの生活にとって，社会インフラの整備はきわめて重要であり，道路などの交通や図書館，病院などの公共施設は，欠かせないものである．宇沢は，社会インフラを「社会的共通資本」と捉え，「ゆたかな経済生活を営み，すぐれた文化を展開し，人間的に魅力ある社会を持続的，安定的に維持することを可能にする」［宇沢 2015：45］と提起した．このように，社会インフラは，私たちの生活の場というだけでなく，文化の発展や社会の持続可能性を高める装置とも捉えられる．

　この視点でスポーツ施設を捉えると，スポーツの持つ多様な価値が体現されれば私たちの生活にとって必要な施設となる可能性は十分あるといえる．実際，地方自治体は，スポーツ施設整備によってスポーツ振興，レクリエーション推進，地域経済活性化がなされ，住民の生活の質が向上するとしている．しかし，一方で，住民の生活に適したものになっていない状況も散見される．なかには，交通や環境などへの影響により生活の質低下が危惧され，スポーツ施設整備をめぐって地域に対立構造を生み出し反対運動が展開された事例がみられる．

　こうした状況に鑑みると，スポーツ施設は，整備内容によって社会インフラとなるかどうかが左右されるといえる．具体的には，立地場所，規模の大きさ，機能などによって，スポーツが持つ多様な価値の体現は変化する．地方自治体において，インフラ整備，土地利用，建築規制などを所掌するのは都市整備政策である．当然ながら，スポーツ施設も建物である以上，都市整備政策の影響を受ける．例えば，スポーツ施設が整備可能な土地区分は決まっており，都市整備政策とは無関係に整備できるわけではない．したがって，スポーツ施設が都市にとって必要な施設として整備されるには，都市整備政策との整合性が重要となるのである．

　そこで本章では，都市整備政策とスポーツ施設整備の関係を踏まえつつ，スポーツ施設整備と都市整備政策の整合性について，その実態と課題を検討する．

1 ▶ 都市とスポーツ

（1）都市整備とスポーツ

　都市は，空間的なイメージが真っ先に現れるが，一方において，「ダイナミックな動態的側面」[日笠・日端 1977 : 73] を持っており，人の移動や建物の建築などによって日々変化している．こうした変化が無秩序になった場合，19世紀のロンドンがそうであったように，空いている土地が隅々まで建物で埋め尽くされたり，下水道や道路が不十分なために生活環境の悪化を招いたりする [Ashworth 1953: 邦訳 59-65].

　こうした状況に対し，都市の計画的な整備が行われるようになった．これが都市計画の始まりである．都市計画とは論者によって多様な定義がなされているが，日笠・日端 [1977 : 73] によると，「都市というスケールの地域を対象とし，将来の目標に従って，経済的，社会的活動を安全に，快適に，能率的に遂行せしめるために，おのおのの要求される空間を平面的，立体的に調整して，土地の利用と施設の配置と規模を想定し，それらを独自の論理によって組成し，その実現をはかる技術」とされている．つまり，将来の発展に向けて，土地の利用と施設の配置と規模を定めることといえる．したがって，都市計画において施設整備は重要な要素なのである．

　この中でスポーツ施設も都市において重要な役割を担ってきた．これまでスポーツは，紀元前のローマではナショナリズム醸成の手段として，19世紀のロンドンでは健康づくりやレクリエーションの手段として，位置づけられてきた．当然ながらそれらを行う場が求められ，コロッセウムや運動場などのスポーツ施設が整備された [Mumford 1938: 223; 275; 276]．現代においては，これらに加えて，再開発や経済活性化，コミュニティ形成などの手段としてもスポーツ施設が整備されている．例えば，ロンドンオリンピックでは，土壌汚染が深刻であり，失業率が高く，ロンドンで最も貧困な地域であった東部地区を，メインスタジアムを含む複数のスポーツ施設や選手村などの居住施設を併設するオリンピックパークの建設によって再開発したのである．

　このように，都市の将来の発展の一手段としてスポーツ施設整備を位置付けることは可能であるといえる．

（2） 対象とするスポーツ施設と種類

　スポーツ施設は，スポーツの種目だけその種類があると言われており，多種多様である．そもそも施設とは「ある目的のために，建造物などをこしらえ設けること，また，その設備」[大辞林]であり，この意味において，スポーツ施設はスポーツのために設けられた建造物や設備となる．ただし，公園や学校施設，貸しスペースといったスポーツ以外の目的で設けられた建造物や設備でもスポーツは実施可能であり，道路や自然も施設と捉えられなくもない．しかし，都市整備という視点で捉えると，スポーツ施設としてではなく，他の主目的のために整備がなされるため本章では対象外とする．

　このように対象を限定したとしても，スポーツ施設は地域の小さな施設から大規模なものまで幅広く，それに伴い整備の状況も大きく異なる．スポーツ施設は，規模が大きくなると，必要な立地面積が広くなり，一度に集まる人数も増える．さらに，整備費が莫大な金額となる．つまり，都市に対する影響が大きくなるのである．スポーツ庁 [2019] は，大規模スポーツ施設を全国大会レベルの競技大会が開催可能な施設としているが，この捉え方だけでは不十分であり，「みる」スポーツとしての機能が重要となる．「みる」スポーツとしての機能の充実は，スポーツイベント，プロスポーツチーム，スポーツキャンプ・合宿の誘致を容易にするが，その一方で，観客席や諸室などの付帯設備が求められるため，規模が大きくなり，その分費用がかかるという悩ましい問題も生む．すなわち，スポーツ施設の効果や問題が凝縮されているのが大規模スポーツ施設である．

　本章では，全国大会レベルの競技大会が開催可能であり，「みる」スポーツとしての機能を備えている大規模スポーツ施設を対象とする．以後，スポーツ施設という語句を使用した場合は，この施設を指すこととする．

　これらの施設は，複数の省庁で所管されている．大規模なものに限らず一般的なスポーツ施設の所管は，文部科学省とその外局であるスポーツ庁だけでなく，国土交通省，環境省，農林水産省（林野庁含む），厚生労働省においても所管されている（表2-1）．この中で，本章が対象とするスポーツ施設は，社会体育施設と都市公園内運動施設の２つである．社会体育施設は「一般の利用に供する目的で独立行政法人又は民間が設置した体育館，水泳プール，運動場等のスポーツ施設」（社会教育調査規則第3条15）を，都市公園内運動施設は「都市公園

表 2-1　スポーツ施設の所管

所管	法律	該当施設
文部科学省 スポーツ庁	スポーツ基本法	社会体育施設
	社会教育法	社会教育施設
	学校教育法	学校体育施設
国土交通省	都市公園法	都市公園内運動施設
	道路法	道の駅
環境省	自然公園法	国立公園，国定公園
農林水産省（林野庁含む）	国有林野の管理経営に関する法律	レクリエーションの森
厚生労働省	身体障害者福祉法	障がい者スポーツセンター

出所）アービムコンサルティング「2015」より筆者作成.

の効用を全うするため当該都市公園に設けられる」（都市公園法第2条2）運動施設を指す.

（3）　都市に対するスポーツ施設の効果

　スポーツ施設の効果について，**表 2-2** に示した．効果は，スポーツ施設自体の効果とそこで行われる事業の効果に分かれる．前者については，地域経済活性化，交通インフラの整備，地価上昇，税収，にぎわい創出があげられ，後者はスポーツイベント，プロスポーツチームの試合，スポーツキャンプ・合宿であり，それらにより，地域経済活性化，にぎわい創出，ソーシャルキャピタル醸成・コミュニティ形成，シビックプライド醸成が期待されている．

　これら2つの効果については，地域経済活性化とにぎわい創出は共通するが，それ以外については差異がある．スポーツ施設の整備のみでは都市に対する効果は限定的であり，そこで行われる事業が加わることによって多様な効果を創出するのである．これらの事業のほとんどは「みる」スポーツであり，その機能の有無が地方自治体にとって重要となる．もう一点重要となるのが，経済的効果と非経済的効果の関係である．多くの研究 [Santo 2005: 190, Agha 2013: 27-28] では，スポーツ施設には経済的効果があるとされる．しかし，それは一部の業種や地域だけといった限定的にとどまるとの指摘 [Hagn・Maennig 2009: 8-10] や，施設整備を正当化するほど大きな効果ではないとの指摘 [Baade・Dye 1990: 13] もなされている．こうした指摘に対しては，ソーシャルキャピタルやシビックプライドの醸成などの非経済的効果がそれらを代替する [Baade and

表 2-2 スポーツ施設の効果

活用方法	スポーツ施設	スポーツイベント	プロスポーツ	キャンプ・合宿地
主な事例	北海道北広島市（ボールパーク）／岩手県紫波町（オガール紫波）	埼玉県さいたま市／熊本県南関町／静岡県三島市	栃木県宇都宮市／神奈川県川崎市／沖縄県沖縄市	静岡県裾野市／長野県上田市／栃木県矢板市
経済的効果 — 地域経済活性化	Santo (2005)→都市型スタジアムでは効果あり Agha (2013)→マイナーリーグスタジアムによる効果あり Baade and Dye (1990)→効果はあるが、施設整備を正当化するほど大きなものではない	大家ら (2012)、江頭 2016→地域マラソンイベントによる効果あり Wilson (2006)→地域水泳イベントによる効果あり Hagn・Maennig (2009)→サッカーW杯において一部の業種は効果なし	Baade (1988)→小売りや総所得への効果あり 川久保 (1998)、筒井 (2012)→宿泊費、交通費、飲食費による効果あり	Business Journal News Network (2013)→NFLチームキャンプによる効果あり りゅうぎん総合研究所 (2019)→プロ野球キャンプによる効果あり
経済的効果 — 交通インフラの整備	権 (2006)→国民体育大会の施設整備に伴うインフラ整備 五十里 (1994)→サッカースタジアム新設に伴う新駅や広域幹線道路の整備			
経済的効果 — 地価上昇	Davis (2008)→商業用不動産価値の上昇 宮城県企画部総務企画課 (2009)→施設周辺の地価上昇は見られるが、周辺施設の効果も含む	Guler et al (2016)→地価の上昇		
経済的効果 — 税収	間野 (2007)→球場の使用料収入、オガール紫波 (2018)→土地の賃料による収入			
非経済的効果 — にぎわい創出	佐藤 (2016)→周辺地域も含めたにぎわい創出、オガール紫波 (2018)→交流人口の増加	山下 (2017)→メガスポーツイベントにおける交流人口増加	齋藤弘樹・川原晋 (2012)→地域イベントへの協力によるにぎわい創出 日本経済研究所 (2009)→パブリックビューイングやセレモニーによるにぎわい創出	
非経済的効果 — ソーシャルキャピタル醸成／コミュニティ形成	松橋 (2014)→管理者によるコミュニティ形成	岡田 (2009)→小規模サッカーリーグによるコミュニティ、エンゲイジメント 松野・横山 (2009)→運営者におけるソーシャルキャピタル醸成	中山 (2011)→社会貢献活動によるコミュニティ形成 有吉・横山 (2013)→スポーツ観戦によるソーシャルキャピタル醸成	
非経済的効果 — シビックプライド醸成		Gibson et al (2014)→ビッグイベントライドは醸成される効果はあるが長期的効果はならない Smith (2005)→地域に対するイメージ向上	Leeds・Allmen (2011)→「文化的象徴、誇らしさ」石坂・間野 2010→「公共財」 Grouthuis (2004)→地域に対する効果は限定的	

出所）筆者作成.

Dye 1990: 13; Walker and Enz 2007: 162-163] という主張も存する．一方で，スポーツ施設は負の外部性の発生も起こりえる．周辺地域に対する路上駐車，交通渋滞，治安悪化，環境悪化など [Bale 1993: 邦訳174-198; Pinch 1985: 邦訳91-96] や過度の財政負担 [石坂・松林 2013：42-47] があげられる．これらの負の影響を抑える施策も肝要となる．

　これらの効果は，他の施設やイベントなどでも創出可能と考えられるが，スポーツ施設は規模の大きさ，多様な関わり，広域・全国への波及の点からその効果はそれらと比較して大きくかつ広範囲となる．スポーツ施設は，他のイベントや施設よりも多くの人数を複数回集められるため効果や人数などの規模が大きくなる．例えば，Ｊリーグのスタジアムは平均2万4300席の収容数があるのに対し，文化ホールは3000席以上の施設はわずか1.8％に留まっており，最大でも5000席程度である [全国公立文化施設協会 2011：59]．また，スポーツは「する」だけでなく，「みる」ことや「ささえる」ことでも同時に関わることができる．この同時性が重要であり，老若男女誰でも共有・参加可能なことがコミュニティの形成やにぎわい創出にとって大きな利点となる [堀 2007：17-19]．そして，施設がある自治体だけでなく周囲の自治体にも影響を及ぼし，さらに，シティプロモーションとしての有効性 [川崎市 2015] も報告されている．

　このように効果が大きいのであれば，市場による供給は可能と考えられる．スポーツ施設は，準公共財 [中西 1995：64] である故に市場による供給も可能であるが，整備費や管理費を上回る収入の確保は難しい．その理由として，芝の養生，管理者と実施者の区別がある．スタジアムの芝生は，養生期間が必要なため，利用制限があり，毎日使用できるわけではない．例えば，埼玉スタジアム2002は年間60〜70日に制限されている．管理者と実施者の区別については，スポーツ施設の施設管理者と事業実施者は異なり，施設管理者は利用料金が主な収入となる．このように，都市に対して大きな影響を及ぼすスポーツ施設は，国や地方自治体による整備が望ましいといえる．

　以上の議論を踏まえると，スポーツ施設は都市に必要な施設となる可能性があるが，都市整備に即したものにしなければならない．そこで次節では，日本における都市整備政策とスポーツ施設の関連性を検討する．

（1）　都市計画の概要

日本における都市計画は都市計画法で規定されている．都市計画法は，都市計画の決定や実施の主体，都市域の将来像と管理，都市計画の具体的内容，都市計画の財源によって構成されている．都市計画の具体的内容については，土地利用，都市施設整備，市街地開発に大別される．都市計画の決定または変更の際には，上位計画に当たる国土利用計画法，国土形成計画法等の法律に基づく計画や市町村が定める各種計画等との整合性を図る必要がある．また，都市計画の具体的内容については，都市計画法に加えて，別法で規定されており，指定地域における建物の規制内容等は建築基準法で定められている（図2-1）．したがって，施設整備には，都市計画法及び建築基準法における位置付けが重要となる．

（2）　法的位置づけ

施設整備に関する法令である都市計画法と建築基準法におけるスポーツ施設の位置付けについて分析する．

都市計画法の基本理念は，「農林漁業との健全な調和を図りつつ，健康で文化的な都市生活及び機能的な都市活動を確保すべきこと並びにこのためには適正な制限のもとに土地の合理的な利用が図られるべきこと」であり，そのために必要な施設として都市施設が定められている．具体的には，第11条において都市施設が定められている．社会体育施設は「学校，図書館，研究施設その他の教育文化施設」，都市公園内運動施設は「公園，緑地，広場，墓園その他の公共空地」に該当する．ただし，同13条において，都市施設の内「少なくとも道路，公園及び下水道を定めるもの」と義務づけられている．したがって，都市公園内運動施設は都市計画に定めなければならないが，社会体育施設は地方自治体の状況に応じて定めるとなっているのである．しかも，教育文化施設のひとつとして社会体育施設が明確に位置付けているわけではなく，その判断は地方自治体に任されている．現在，スポーツ施設を教育文化施設として位置付けているのは仙台市のみである．つまり，社会体育施設は都市計画に定められていないのである．このことは，スポーツ施設が計画的に整備されない要因と

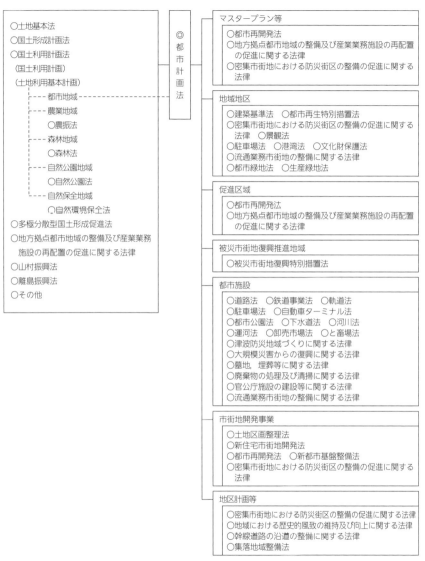

図 2-1 都市計画法の関連法令

出所）北海道［2018：3］.

して指摘できる［高橋・加藤・林 2003：4］．ここで言う計画的とは，スポーツの施設としてという意味と都市への効果としてという意味の2つを指す．スポーツ施設整備は，本来ならばスポーツ施設全般の立地，規模，整備年数等を踏まえて，整備がなされるべきである．しかし，計画性がなければ効率的な施設配置が難しくなる．地方自治体への効果としては，スポーツ施設が有する効果の体現は，他の様々な政策との連携が必要であり，それには計画的な整備が求められる．しかしながら，都市公園内運動施設のみが計画的な整備対象となっているのである．

　他方，スポーツ施設は建築物であるため，建築基準法の対象ともなる．スポーツ施設は，建築基準法上では「特殊建築物」に位置付けられており，防災，採光，換気などの基準に従わなければならない．この中で，観覧席の有無により，法規上の用途が分かれる．観覧席を有する場合は，「劇場，映画館，演芸場，観覧場，公会堂，集会場その他これらに類するもので政令で定めるもの」（建築基準法別表第1）の「観覧場」に該当する．観覧席を有しない場合は，「ボーリング場，スキー場，スケート場，水泳場又はスポーツの練習場」（建築基準法施行令第115条の3）に該当する．ただし，観覧席を有しない屋外施設（野球場，庭球場，陸上競技場等）は「第二種特定工作物」（都市計画法施行令第1条2項）に該当し，建築物とはみなされない．

　このように，都市整備におけるスポーツ施設の位置付けは，施設の種類や法令ごとに異なっており，それらが開発・建築規制に影響するのである．

（3）　スポーツ施設の開発・建築規制

　都市計画法と建築基準法におけるスポーツ施設の位置付けの差異は立地場所に影響を及ぼす．都市計画では区域を大きく都市計画区域と都市計画区域外に分けており，前者が都市計画の範囲となる．前者はさらに市街化を図る市街化区域と市街化を抑制する市街化調整区域に分かれる．市街化区域においては，土地の利用を制限する用途地域が定められている．これによってスポーツ施設の立地場所が制限されるが，観覧席の有無によってそれが異なる．観覧席がある「観覧場」としてのスポーツ施設は，観覧席がない施設と比べて制限が厳しく，準住居地域（客席200m²未満），近隣商業地域，商業地域，準工業地域にしか整備できない．裏を返せば，スポーツ施設は市街化区域において，住居地域，工業地域には立地できないのである．市街化調整区域においては，地区計画に

定められた内容に適合する場合のみ申請ができ，開発が許可される．ただし，都市公園内運動施設であれば，公益上必要な建築物（都市計画法第29条の3）に該当し，許可は不要となる．

　Jリーグ全ホームスタジアムの立地特性を調査した志摩・宮吉［2018：946-949］によると，54あるスタジアムの内，都市公園内運動施設は46カ所（スタジアムの約85％）であった．つまり，スタジアムのほとんどが都市公園内運動施設なのである．また，同調査によると，全てのスタジアムは，都市計画区域に立地しており，この内，市街化区域内は29箇所，市街化調整区域内は24箇所，非線引き都市計画区域内は1箇所であった．周辺地域が市街化区域内にあるスタジアムと周辺地域が市街化区域内と市街化調整区域内が混在しているスタジアムは，住居系，商業系，工業系の用途地域があり，様々な状況にあった．周辺地域が市街化調整区域内にあるスタジアムは，郊外の立地となっていた．このようにスポーツ施設は地域の様々な状況のもと立地されているといえる．また，ほとんどのスタジアムが都市公園内運動施設であり，都市公園整備との関連性が高いと考えられる．そうした意味においては，都市整備政策に位置付けている場合が多いと推察される．

　しかしながら，用途地域と立地可能な土地が一致しているとは限らない．その場合，地方自治体は，用途地域の変更か「特別用途地域」への指定による規制緩和を行う．「特別用途地域」とは，「用途地域内の一定の地区における当該地区の特性にふさわしい土地利用の増進，環境の保護等の特別の目的の実現を図るため当該用途地域の指定を補完して定める地区」（都市計画法第9条の14）であり，国土交通大臣の承認を得れば用途地域の緩和ができる地域を指す．スポーツ施設においてはレクリエーション地区と定めることが多い．例えば，栃木県総合運動公園の場合，整備予定地に第一種住居地域と準住居地域が含まれていたため，公園全体を「栃木県総合運動公園スポーツ・レクリエーション地区」と定め，用途地域の制限を緩和した．こうした都市計画区域や用途地域の決定，変更に関しては，各自治体に設置されている都市計画審議会の議を経ることとなっている．その際には，都市計画に関する基本的な方針である都市計画マスタープランに即することが求められる．つまり，都市整備政策との整合性の確保が重要となる．

　以上より，スポーツ施設整備は都市整備政策と密接な関連性があるといえる．

3 ▶ 都市整備政策とスポーツ施設整備の整合性

（1） 都市整備政策とスポーツ施設の関連性

　都市整備の基本指針となるのが，都市計画マスタープランである．これは，都市計画法にておいて規定されており，各地方自治体にて定めるとされている．都市計画マスタープランは「住民に理解しやすい形であらかじめ中長期的な視点に立った都市の将来像を明確にし，その実現に向けての大きな道筋」［国土交通省 2020：15］を示すものとされ，一般的に，都道府県が定めるものを都市計画区域マスタープラン，市町村が定めるものを市町村マスタープランと呼んでいる．

　都市計画マスタープランにおけるスポーツ施設の位置付けを分析する．前述の志摩・宮吉による調査の対象となった 54 のスタジアムについて，市町村マスタープランにおける位置付けを調査した（表 2-3）．その結果，45（約 83％）の市町村マスタープランにてスタジアムが位置付けられていた．スタジアムのほとんどが都市公園施設であるのが要因のひとつと考えられるが，スポーツ施設が都市整備政策の手段として捉えられているといえる．しかし，その内訳をみると，位置付けられている 45 のスタジアムのうち，60％の 27 のスタジアムはスポーツやレクリエーションの拠点のみの位置付けに留まっていた．残りの 40％については，スポーツやレクリエーションの拠点に加え，観光，にぎわい，交流，都市機能としての手段として位置付けられていた．ただし，これらの多

表 2-3　市町村マスタープランにおける J リーグスタジアムの位置づけ

位置づけ	施設数	％	具体的内容	施設数	％
記載なし	9	16.7			
記載あり	45	83.3	スポーツ・レクリエーション拠点	27	60.0
			観光振興	4	8.9
			にぎわい・交流創出	3	6.7
			都市機能・その他	11	24.4
合計	54	100.0	合計	45	100.0

出所）筆者作成.

くは地域経済活性化が目的であった．つまり，都市計画マスタープランへの位置付けは，スポーツ振興やレクリエーション推進を主としてこれに地域経済活性化が加わる形となっているのである．

　こうした整備目的の体現は，実際の整備内容においては簡単ではない．スポーツ施設は，車でしか行けない土地への立地となることが多い．この場合，スポーツ振興やレクリエーション推進は可能となるが，都市に対して他の効果の創出は不十分になる可能性が高い［杉山・河村 2015：77-80］．志摩・宮吉［2018：946-949］の調査においても，市街化区域内のスタジアムでは徒歩でのアクセスが案内されているが，市街化区域内と市街化調整区域内が混在しているスタジアムや市街化調整区域内にあるスタジアムは，寄り駅から徒歩でのアクセスは難しく，自動車利用のアクセスが案内されている場合が多い．そうであるなら，駅近くのまちなかに立地すれば良いとなるが，現実問題としてどこでも立地できるわけではなく，土地の広さや区分を基に候補地が絞られる．候補地の選定に大きく影響するのが規模や機能である．各競技や大会の実施に際し設けられる施設基準クリアや効果の増大のためには，一定以上の規模や機能が求められる．それに伴い用地面積の拡大，道路や設備の充実が必要とされる．このように，立地や交通といった都市整備政策と規模や機能といったスポーツ施設整備内容の調整は難しいのである．

　以上の議論を踏まえると，現在のスポーツ施設整備は，スポーツ施設の多様な効果の一部分しか発揮していないのである．一部の人や特定の人だけが効果を認識している場合は，多くの地域住民にとって重要度が高いものにならない．政策形成においては，誰にとっての効果であるのかが重要な視点となる［真山 2001：70-71］．つまり，スポーツ施設の整備には，スポーツ施設の多様な効果の発揮が求められるのである．そのためには，整備目的の設定や都市整備政策との調整がなされている政策過程の検討が必要となる．

（2）　スポーツ施設整備の政策過程

　地方自治体におけるスポーツ施設整備の政策主体は，教育委員会のスポーツ所管部局，知事部局のスポーツ所管部局，都市公園所管部局，新たな設置された部局が担っており，多様な状況がみらえる．その政策過程については，地方自治体によって異なるが，本章では，鹿嶋市，由利本荘市，沖縄市，広島市の政策過程を参考に一般的と考えられる政策過程を**図2-2**にまとめた．なお，政

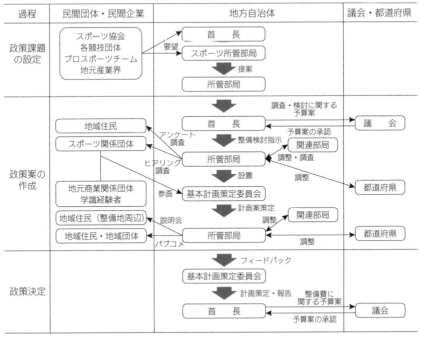

図 2-2　地方自治体におけるスポーツ施設整備過程

出所）各自治体資料より筆者作成.

策過程については，政策課題の設定，政策案の作成，政策決定の３段階に区分した[2]．まずは，政策課題設定の段階である．スポーツ施設整備のイシューが出されるきっかけは，地方自治体内からは老朽化対策がほとんどで，それ以外のイシューはあまりない．きっかけとして多いのが，スポーツ協会・各競技団体・プロスポーツチームからの要望や大規模スポーツイベントの誘致である．これらの要望を市長または所管部局が受け，庁議によって，スポーツ施設整備が了承されれば，次の段階に移ることとなる．

　次は，政策形成の段階である．調査・検討に係る予算が必要となるため，首長が議会に対してスポーツ施設整備の関する調査・検討に係る予算案を提案する．これを受け議会では，スポーツ施設整備の必要性や正当性について検討がなされる．議会から予算案が承認されたら，所管部局が検討に入る．具体的には，意見集約と他自治体の調査が行われる．意見集約については，スポーツ実

46

施状況やスポーツ施設に対する要望などが調査される．地域住民へは郵送アンケート調査で，スポーツ関係団体へはヒアリング調査が行われる場合が多い．それと同時に自治体内の他部局や都道府県と交通，経済効果，環境（生活・自然）等に関する調整及び調査を行う．これを受け，スポーツ施設整備に関する基本計画策定委員会が設置され，スポーツ施設の方向性や具体的内容が議論される．アクターは各事例によって多少異なるが，学識経験者，スポーツ関係者，地元産業界，プロスポーツクラブの参画が多くみられる．この場で立地や交通との調整が行われる．これらの議論を基に基本計画案が策定される．この計画案を用いて，所管部局による整備地周辺在住の住民に対する説明会やパブリックコメントが実施される．加えて，計画案の内容について，自治体内他部局や都道府県と調整を行う．これらの内容を基本計画策定委員会にフィードバックする．

そして，政策の決定段階である．フィードバックの内容を踏まえて計画案の修正を行った後，正式に計画として策定され，市長への報告がなされる．この計画を基に整備費に関する予算案を市長が議会に提案し，整備費の妥当性や計画内容について議論される．予算案が了承されると，政策実施の段階に移る．

このような政策過程において，以下の2点が指摘できる．まず，政策課題の設定段階では，イシューと政策案であるスポーツ施設整備が一体となった形でアジェンダが設定されていた．政策過程においては，プロセスが1つずつ直線的に進むことが想定されているが，実際は，政策課題の設定と政策案の作成が明確に分かれていない場合や複数の段階の同時進行や往来する場合が指摘［伊藤 2015：50-51］されている．スポーツ施設はまさにこの状況となっており，問題の設定と政策案が一体となった形でアジェンダ設定されている．本来ならば，政策案であるスポーツ施設整備は，何らかの問題を解決する手段として，政策案の作成段階において他の手段と比較しながら政策の決定段階において正式な政策となる．したがって，この段階では問題が認識され，それを受けてスポーツ施設が解決手段としての位置付けが可能か検討されなくてはならないが，現状ではイシューとスポーツ施設整備が何の検討もなく結びつき，政策課題の設定段階においてスポーツ施設整備が目的化するのである．目的化すると，イベントや公式戦の開催日までに整備しなければならないという時間的制約が生じ，ライフサイクルコストや費用便益の検討やイベント後や公式戦がない日の利活用の検討が不十分となる可能性が高い．新国立競技場をめぐる動向がまさにこ

の状況となっている．オリンピック後に民間事業者に運営権を売却するとされているが，年間およそ 24 億円とされる維持管理費が足かせとなり運営計画も策定されておらず，さらに，陸上トラックの撤去に関しても二転三転しており決定されていない．[3]

　次に政策案の作成段階では，一部の限られたアクターによる議論や不十分な意見集約がなされていた．基本計画策定委員会のアクターは，スポーツ関係者を主として，それに地元産業界が加わって構成されている．つまり，それ以外のアクターとの議論の場がないのである．議論の場に参画していないとその立場の意見が議論されない可能性が高い．政策を形成する議論の場に参画するアクターは組織を代表している場合が多く［真山 2011：12-14］，議論内容が公式戦実施やイベント開催といった競技に関する事項に終始するのである［中村 2011］．したがって，議論内容がこれらの事項と立地，交通との調整に留まり，都市に対する効果を踏まえた議論がなされないのである．意見集約についても，多様なアクターから行われていない．一部の限られた意見しか反映されないため，イベントやプロスポーツのためだけの施設となり，一部のアスリートしか使えず地域住民が使用できない施設となってしまう．これにより都市整備政策においてもイベントやプロスポーツを行う施設としか捉えられず，立地場所にも影響すると考えられる．また，負の外部性の検討が不十分となる．スポーツ施設整備によって，自然環境や生活環境（騒音，光害，治安など），交通渋滞といった影響が生じる可能性がある．このような要因により，サンガスタジアムや広島サッカースタジアムでは反対運動が展開された．これらを是正するためにも政策形成の段階で多様なアクターとの議論や意見集約が重要となるのである．ただ，こうした場や機会がないわけではなく，計画案の策定後にパブリックコメントやワークショップが実施されているが，策定後では軽微な修正しかなされないのが現状であり，形骸化しているとの指摘もなされている［真渕 2009：281-284］．

おわりに

　今後，スポーツ施設が整備されていくためには，スポーツ振興やレクリエーション推進のためだけでなく，経済的効果や非経済的効果の創出が重要となる．こうした効果の発揮には，立地場所や施設内容が重要な要素となるため，スポ

ーツ施設整備は都市整備政策との整合性が求められる．しかしながら，地方自治体のスポーツ施設整備政策は都市整備政策との整合性がみられず，その政策過程において，政策課題の設定段階におけるスポーツ施設整備の目的化と政策案の作成段階における一部の限られたアクターによる議論や不十分な意見集約が課題として抽出された．

　最後に，これらの課題に対する解決に向けて政策提言する．スポーツ施設整備の政策過程において，政策課題の設定段階における十分な議論や意見集約と政策案の作成段階におけるモニタリングが有効と考えられる．政策課題の設定段階では，多様なアクターとの議論や意見交換を基に課題解決の総合的な手段としてスポーツ施設がアジェンダ設定される必要がある．そのためには，目的や対象に応じた議論の場の設置が求められる．政策案の作成段階において，都市整備政策の手段としても計画が担保されているかモニタリングする必要がある．政策課題の設定段階で議論や意見集約を行ったアクターから計画に対する意見集約ができる仕組みが求められる．

　これらの政策過程により，政策決定過程の透明度が上がり，多様な意見を反映した施設整備が可能となる．多様な意見とはそれぞれのアクターからの要望やアクターへの影響であり，これらを考慮した計画策定ができる．これが多様な効果の発揮につながって多くの人が価値を認識する施設となり，スポーツ施設が都市にとってなくてはならない施設になると考える．

注 》》》

1)　これについては賛否両論あり，スポーツ施設を公共財と捉える論者［原田 1989：776］もいる．準公共財とする理由として，施設利用者数の限度による競合性の発生があげられる．
2)　政策過程モデルでは，政策課題の設定，政策案の作成，政策の決定，政策の実施，政策の評価の順に段階的に進むとするものとされる．政策課題の設定とは，対応を必要とする多くの問題の中から，アジェンダとして設定される段階を指す．政策案の作成とは，問題の解決のための政策案が作成される段階を指す．政策の決定とは，正式な政策として意思決定する段階を指す［真山 2001：42-46］．
3)　東京新聞 2019 年 11 月 30 日朝刊，東京新聞 2020 年 8 月 3 日朝刊．

参考文献 》》》

〈邦文献〉
アービムコンサルティング［2015］『「スポーツ施設に関する調査研究」報告書』．

石坂友司・松林秀樹［2013］「『遺産』をめぐる開催地の10年」，石坂友司・松林秀樹編
　　『〈オリンピックの遺産〉の社会学　長野オリンピックとその十年後』青弓社.

川崎市［2015］『川崎市シティプロモーション戦略プラン』.

志摩憲寿・宮吉悠太［2018］「Jリーグ全ホームスタジアムの施設特性と立地特性に関す
　　る基礎的研究」『都市計画論文集』53(3).

杉山学・河村和徳［2015］「スタジアム建設問題の一考察」『新潟経営大学紀要』21.

スポーツ庁［2019］『スポーツ施設のストック適正化ガイドライン参考資料：ストック適
　　正化における大規模スポーツ施設の基本的方向性』.

全国公立文化施設協会［2011］『平成22年度劇場・音楽堂等の活動状況に関する調査報告
　　書』.

高橋宏和・加藤博和・林良嗣［2003］「都市活性化のための体育・スポーツ施設の整備・
　　運営に関する基礎的研究」『土木計画学研究発表会・講演集』27.

中西純司［1995］「公共スポーツ施設におけるサービス・クオリティの構造に関する研究」
　　『福岡教育大学紀要．第五分冊，芸術・保健体育・家政科編』44.

原田宗彦［1989］「スポーツ・レクリエーションの経済学」『体育の科学』39(10).

日笠端・日端康雄［2015］『都市計画〔第3版増補〕』共立出版.

北海道［2018］『土地利用の手引き』.

堀繁［2007］「スポーツのもつ可能性とまちづくり」，堀繁・木田悟・薄井充裕編『スポー
　　ツで地域をつくる』東京大学出版会.

真渕勝［2009］『行政学』有斐閣.

真山達志［2001］『政策形成の本質：現代自治体の政策形成能力』成文堂.

──────［2011］「政策研究とスポーツ」菊幸一・齋藤健司・真山達志・横山勝彦編『スポ
　　ーツ政策論』成文堂.

〈欧文献〉

Agha, N.［2013］"The economic impact of stadiums and teams: The case of minor
　　league baseball," *Journal of Sports Economics*, 14(3).

Ashworth, W.［1954］*The Genesis of Modern British Town Planning*, London:
　　Routledge and Kegan Paul（下總薫訳『イギリス田園都市の社会史』御茶の水書房，
　　1987年）.

Baade, R. A. and Dye, R. F.［1990］"The Impact of Stadium and Professional Sports on
　　Metropolitan Area Development," *The Annals of Regional Science*, 22(2).

Bale, J.［1993］*Sport, SPACE and the City*, London: Routledge（池田勝・土肥隆・高見
　　彰訳『サッカースタジアムと都市』体育施設出版，1997年）.

Hagn, F. and Maennig, W.［2009］"Large sport events and unemployment: the case of
　　the 2006 soccer World Cup in Germany," *Applied Economics*, 41(25).

Mumford, L.［1938］*The Culture of Cities*, NewYork: Harcourt Brace Javanovich（生田
　　勉訳『都市の文化』鹿島出版，1974年）.

Pinch, S. P. [1985] *Cities and Service: The Geography of Collective Consumption*, London: Routledge and Kegan Paul, Hants. (神谷浩夫訳『都市問題と公共サービス』 古今書院, 1990 年).

Santo, C. [2005] "The economic impact of sports stadiums: Recasting the analysis in context," *Journal of Urban Affairs*, 27(2).

Walker, S. and Enz, M. [2007] "The Impact of Professional Sports on the Local Economy," *THE LOCAL ECONOMY*, 29(W).

日下知明

はじめに

　経済政策とは「国家が一定の価値判断のもとに，その目的に応じて，経済問題を調整ないし解決する行為」のことを指す［新村 2018：896］．また，経済政策はその目的によって，効率的な資源配分の達成を目指す経済政策，GDP の増大，物価の安定，完全雇用の実現などを目指す経済政策，所得の公平な分配を目指す経済政策に分けることができる［岩田・飯田 2006：41-42］．

　一方，産業政策とは，経済成長を可能にする諸条件の整備を目的とする全ての政策を指し，産業組織政策（産業基盤整備，産業調整など），産業構造政策（基幹産業，中小企業，製造業，非製造業など），産業振興政策（助成，育成，技術開発，技術移転など），通商政策（消費財，資本財，市場確保など），資源・エネルギー政策（安定供給確保，資源リサイクル，省エネルギーなど），環境保護政策（廃棄物処理など），労働力政策（雇用，失業など）などを含む体系のこととされる［後藤田 2003：49］．

　以上の経済政策及び産業政策の定義並びに秋吉ら［2015：4］の「公共的問題を解決するための，解決の方向性と具体的手段」という公共政策の定義を参考にして，本章では「経済産業政策」を「経済の安定や成長を目的として産業の諸条件を整備するための，政府の方針と具体的手段」と捉える．また，経済産業政策に関係する取り組みは複数の中央省庁が関与すると考えられるが，本章では通商産業省（以下，通産省）及び経済産業省（以下，経産省）が担う政策を主に取り上げる．

　以下，本章では，経済産業政策という枠組みのなかでスポーツが歴史的にどのような位置づけにあり，それがどのように変化してきたのか（第1節），スポーツ産業の振興と関連する政策にはどのようなものがあるのか（第2節），日本経済や産業構造の中でスポーツ産業はどのような位置にあるのか（第3節）について概観する．

1 経済産業政策におけるスポーツの位置づけの歴史的変遷

　本節では，日本の経済産業政策のなかでスポーツがどのような位置づけにあったのか，その歴史的変遷を把握する．特に，第二次世界大戦以降，その時々の国内外の経済社会状況に対応するためにどのような経済産業政策が進められてきたのかを概観する．そして，経済産業政策という大きな枠組みのなかでスポーツがどのように取り上げられてきたのかを確認する．なお本節は，政府の経済計画や成長戦略，通産省及び経産省が示した政策文書並びに政策史等の資料に基づいて記述している．

（1）　高度成長時代の経済産業政策におけるスポーツ

　第二次世界大戦後の日本の経済産業政策は，荒廃した社会を立て直すために生活等に必要なもの以外の預金の引出しを原則禁止する需要引き締め策と，石炭と鉄鋼を集中的に増産し，その成果を他産業にも波及させようとする傾斜生産方式による生産力増強策を行った［経済企画庁 1997：5-9］．この時期には，公営競技としての自転車競技（競輪）や小型自動車競走（オートレース）のための法整備が行われた．競輪やオートレースは機械工業等を振興するための財源として位置づけられ，機械工業産業を支える資金を集めるための手段としての役割を持っていた．

　戦後の混乱期を乗り越えた日本経済は，近代化による成長の時代（いわゆる高度成長）へと突入した．「新長期経済計画」（1957）や「国民所得倍増計画」（1960）など第二次大戦直後の復興から脱したと考えられた時期の経済計画は，高い経済成長を達成することを目標とし，重化学工業化の促進による産業構造の高度化や産業振興のための社会資本の整備を進めようとした［経済企画庁 1997：75-78：100-101］．この時期に経済産業政策の中でスポーツが明示的に取り上げられることはなかったが，1964年東京オリンピックと関連して東海道新幹線，首都高速道路等の大規模プロジェクトやホテル建設等の工事が行われ，これらの建設投資が内需を支えていた面があった［通商産業省・通商産業政策史編纂委員会 1992：58-61］．

　高度成長が続く中で，日本の経済社会の構造は大きく変化した．産業構造では第一次産業の割合が急激に低下した一方で第二次，第三次産業の割合が高ま

り，就業者の構成も産業構造と同様の変化が起こった［経済企画庁 1997：16-17］．また，国民生活の面では消費において変化が見られ，必需品中心の消費から所得の上昇とともに生活の豊かさの追求が中心となった［経済企画庁 1997：17］．このような経済社会における変化が，のちの余暇やサービス産業政策の展開に続いてくこととなったと考えられる．

（2） 経済成長と社会開発を目指した経済産業政策におけるスポーツ

　高度成長を続けていた日本経済であったが，その一方で国内外では様々な問題が生じていた．「経済社会基本計画」(1967) や「新経済発展計画」(1970) が決定された時期には，過密・過疎，住宅・生活環境の整備，公害といった国内的な問題や，日本の保護的，制限的な貿易に対する国際的な批判といった対外経済などの問題に対応する必要があった［経済企画庁 1997：101-102］．

　『70 年代の通商産業政策』(1971) は，限りある生産要素やエネルギーに対する依存，環境負荷，貿易摩擦，労働力不足等の問題に対応する必要性を指摘し，産業構造のあり方を転換することを提唱した．より具体的な産業構造政策の方向として，① 知識集約産業の振興，② 産業転換の促進，③ 貿易構造の革新，④ 資源エネルギー政策の展開，⑤ 過密・環境問題への対応と社会資本の整備，⑥ サービス経済化への対応を指摘した．特にサービス経済化への対応では，余暇関連サービス業等が重視されるべきであるとされた．

　同時期には，国民生活審議会「サービスに関する消費者保護について（答申）」(1973) が出され，遅れていたレジャーサービス供給体制の整備の一環として，手軽なスポーツの普及，公共スポーツ施設の活用，指導者養成等指導体制の整備等が提言された．しかし，『70 年代の通商産業政策』では，サービス経済化に関する具体的な施策を示すまでには至っていなかった［通商産業政策史編纂委員会 2011：401-403］．

（3） 安定成長を目指した経済産業政策におけるスポーツ

　1970 年代には石油危機を契機とする資源・エネルギー供給の制約，物価高，貿易摩擦や急速な円高，年齢構造の高齢化など国内外の経済社会状況に大きな変化が生じた．「新経済社会 7 カ年計画」(1979) は，内需拡大を中心とした経済成長，資源・エネルギーの効率的な利用や石油代替エネルギー等の開発利用，個人の自助努力や近隣・地域社会を基礎として効率的な政府や民間活力の導入

による公的福祉の実現などを基本的な方向とした［経済企画庁 1997：221-223］.

『70年代の通商産業政策』に引き続き，『80年代の通商産業政策』でもサービス経済化が取り上げられた．発展が期待されるサービス業種の1つとして国民生活を豊かにするサービス・セクターが位置づけられ，その中に健康増進に寄与するスポーツ関連サービスが含まれた．ただし，『80年代の通商産業政策』を受けてまず取り組まれたのは技術開発予算の拡充や技術開発を通じた地域経済振興などの技術開発政策や産業立地政策であり，新規発展分野であるサービス産業政策は実態把握や課題の抽出から着手された［通商産業政策史編纂委員会 2012：97-101］.

行政組織体制に目を向けると，1984年2月には産業政策局長の私的諮問機関として「サービス産業研究会」が設置され，サービス産業の実態調査・分析等が進められた［通商産業政策史編纂委員会 2012：101］．また，同年10月には通商産業省組織規程が改正され，産業政策局商政課にサービス産業を専ら担当する「サービス産業官」が設置された．サービス産業の経済における位置の高まりや内需型産業構造への転換におけるサービス産業への期待といったことがこの背景にあり，サービス産業政策の組織体制が次第に整えられていった［通商産業政策史編纂委員会 2011：413-414］.

（4） 国際協調時代の内需主導による経済産業政策におけるスポーツ

1980年代に入ると，先進諸国間における経済摩擦が深刻化した．他国の成長が鈍化する一方で，日本は比較的順調に経済成長を達成し，経常収支黒字が拡大していた．『21世紀産業社会の基本構想』(1986)や「国際協調のための経済構造調整研究会報告書(前川リポート)」(1986)は，内需拡大や国際的に調和のとれた産業構造への転換などの必要性を提唱した．また，前川リポートや「経済審議会経済構造調整特別部会報告——構造調整の指針——(新前川リポート)」(1987)は，内需拡大のための社会資本等の整備に民間活力を導入することを提唱した．

民間事業者の活用による内需拡大を基調とした経済産業政策が進められたこの時期には，「民間事業者の能力の活用による特定施設の整備の促進に関する臨時措置法(民活法)」(1986)や「総合保養地域整備法(リゾート法)」(1987)が施行された．民活法においては，対象施設となる特定大規模スタジアムとして事業認定を受けて東京スタジアムが整備された．また，リゾート法に基づいて全

国で42の基本構想が策定された．リゾート開発については，雇用や売上高が地域経済に対して一定の役割を果たした地域がある一方で，巨大な投資が行われて経営問題が生じたり，施設の整備や利用，雇用は当初見通しと比べて進んでいないと評価されている［国土交通省 2003］．

『90年代の通商産業政策ビジョン』（1990）においても内需主導型の経済成長が目指された．そして，国民生活のゆとりと豊かさを実現するためには，流通産業やサービス産業の発展が重要であると指摘し，発展を図るべき産業の1つとして余暇サービスを取り上げた．スポーツ産業は映画，音楽，演劇等の文化関連産業と並んで，余暇意識の向上や余暇時間の増大といった社会的ニーズに対応するための余暇サービス産業のなかの1つとして取り上げられた．

また，『90年代の通商産業政策ビジョン』とほぼ同時期に，通産省はメディア，スポーツ関連企業，スポーツ団体，研究者等で構成される「スポーツ産業研究会」を商務流通審議官の私的諮問機関として設置した［通商産業省 n.d.：662］．スポーツ産業研究会はこれからのスポーツ産業の在り方を示したものとして『スポーツビジョン21（以下，ビジョン21）』（1990）を公表した．ビジョン21は，それまでの生産が重視された社会から生活のゆとりや豊かさを重視した社会へと変化している中で，ゆとりや豊かさを実現するためにスポーツ産業が重要な役割を果たしていくものとしてその意義を認めた．そして，スポーツに関連する全ての産業をスポーツ産業としてとらえ，スポーツを実践するために必要な「モノ」「場」「サービス」を提供する産業として，国民生活の生活の質向上に寄与すると指摘した．ビジョン21はスポーツ産業を，①スポーツ用具・用品等の製造にかかわるスポーツ製造業，②ゴルフ場，ボーリング場，テニス場，スキー場，多目的スポーツ施設の建設・開発等のスポーツスペース業，③スポーツ用品卸売・小売，スポーツ用品レンタル，スポーツに関わるメディア，フィットネスクラブやテニススクールなどの施設運営・指導など幅広い業種を含んだスポーツサービス業の3つに大別し，様々な特質を持つ業種の集合として捉えた．また，スポーツ産業市場の規模については1989年には約6.4兆円であるが，2000年には15兆円に達し，21世紀の基幹産業の1つとして重要な位置を占めることになると予測した．そして，今後スポーツ産業が基幹産業として成長していくためには，スポーツ享受のための基礎的条件の整備，施設整備面等のスポーツ環境の整備，理念を達成するためのソフトの在り方及びそれを担う人材育成等が必要であり，産学官の連携による取り組みを求めた．

この時期には，スポーツ産業の事業者と通産省の関係を継続的なものとするため，事業者の組織化（例えば，日本フィットネス産業協会，スポーツ産業団体連合会など）が行われた［通商産業政策史編纂委員会 2011：424-425］．また，通産省サービス産業室が日本サッカーリーグ活性化委員会のアドバイザリーボードに加わり，この委員会の検討を踏まえて 1993 年に日本プロサッカーリーグ（Jリーグ）が発足している［通商産業政策史編纂委員会 2011：424］．

　この時期以前には，スポーツ産業は経済産業政策の中のサービス産業の対象の 1 つとして取り上げられることはあったものの，スポーツ産業に関する明示的な方針はなかった．しかし，1990 年代に入り，ゆとりや豊かさのある国民生活を重視する社会経済状況の流れのなかでスポーツ産業に期待がかかり，経済産業政策の 1 つの領域として基本方針であるビジョン 21 が出されるに至ったと考えられる．

（5）　経済構造改革時代の経済産業政策におけるスポーツ

　1990 年代初頭，国内的には，長期化する不況，新規産業の展開の遅れ，製造業の海外展開による産業の空洞化，雇用不安などが，対外的には，アジア諸国の成長等による国際競争力の低下などが日本経済を取り巻いていた．このような諸問題に直面した日本の経済社会の今後の方向性は『21 世紀の産業構造』(1994) で示された．この報告書は，日本経済が直面する前述の問題に対処するため，① 社会資本整備の拡充（マクロ構造調整），② 公的規制の緩和等（ミクロ経済改革），③ 新規市場の創造や既存産業の合理化等（産業構造政策）の三位一体改革を実行することを提言した．そして，③では新規・成長市場として 12 分野を提示しており，その 1 分野である生活文化関連分野の中にスポーツ・健康増進市場が含まれた．

　2001 年に誕生した小泉内閣は新たな経済・社会制度を確立するため，経済，財政，行政，社会など諸分野の構造改革に取り組んだ．この構造改革の方針は「経済財政運営と構造改革に関する基本方針」（「経済財政改革の基本方針」や「骨太の方針」と表されることもある．以下，改革の基本方針）として 2001 年から毎年策定され，この方針に基づいて諸改革が進められた．2002 年 6 月に出された「経済財政運営と構造改革に関する基本方針 2002」は，持続可能で活力ある経済社会を構築するために経済・産業を再生する「経済活性化戦略」を打ち出した．経済活性化戦略は，① 人間力，② 技術力，③ 経営力，④ 産業発掘，⑤ 地域発掘，

⑥ グローバル化の 6 つの戦略に基づいて，低下している産業競争力を再構築し，経済を活性化させるとした．そして，④産業発掘戦略のなかにスポーツが位置づけられ，技術革新による新需要の創出，環境産業，観光産業及び食料産業等と並んで新たな産業分野の 1 つとして含まれることになった．ただし，その後 2009 年まで策定された改革の基本方針において，経済産業政策とスポーツの明確な関係が示されることはなかった[1]．

（6） 成長戦略におけるスポーツ

少子高齢化社会の進展による働き手の減少，長期化するデフレ，企業による設備投資の抑制，将来不安や所得の減少等による消費の停滞などにより，日本経済は需要が低迷し，デフレが加速するという悪循環に陥っていた．このような状況に対処するため，2012 年 12 月に誕生した第 2 次安倍内閣において，大胆な金融政策，機動的な財政政策，民間投資を喚起する成長戦略の 3 つを柱とする経済政策が打ち出された．

このうち，成長戦略は 2013 年から毎年策定されてきたが，スポーツ産業の取り組みが具体的になったのは 2016 年からである．2016 年には，「ニッポン一億総活躍プラン」及び「日本再興戦略 2016」（ともに 2016 年 6 月 2 日閣議決定）が示された．「ニッポン一億総活躍プラン」は誰もが活躍できる社会をつくるとして，① 強い経済，② 子育て支援，③ 社会保障を 3 つの柱とした．特に①では，名目 GDP600 兆円を実現することを目標として掲げた．この目標の達成に向けて，新たな有望成長市場の創出・拡大や潜在需要を実現するための対応策として，スポーツが成長産業として位置づけられた．「日本再興戦略 2016」でもスポーツ産業が名目 GDP600 兆円を達成するための新たな有望成長市場として明確に位置づけられた[2]．成果指標（KPI：Key Performance Indicator）として，スポーツ市場規模を戦略策定前年の 5.5 兆円から 2025 年までに 15 兆円に拡大することが設定された．スポーツの成長産業化は，① スタジアム・アリーナ改革，② スポーツコンテンツホルダーの経営力強化，新ビジネス創出の促進，③ スポーツ分野の産業競争力強化という 3 つの施策から進めることとされた．

「未来投資戦略 2017」は長期停滞が供給面での生産性の伸び悩みと需要面での新たな有効需要の欠如に起因しているとした．そして，この問題に対処するために IoT，ビッグデータ，AI 等のイノベーションを産業や社会生活に取り入れて社会課題を解決し，経済成長を目指すとした．そして，IT・データを利活

用して地域の付加価値や生産性を向上させるなどして地域経済において好循環を作り出すことが戦略の1つとして位置づけられた．この戦略のなかに，AI，IoT，ビッグデータ，バイタルデータとスポーツの関係が示され，スポーツ現場でのAI等の利活用の推進を目指す取り組みが位置づけられることとなった．

2 スポーツ産業の振興に関連する諸政策

　本節では，スポーツ産業の振興に関連する政策について概観する．第1に，スタジアム・アリーナ等のスポーツ施設の整備やスポーツツーリズムに関連する政策として，地域における経済産業の振興に関わる政策（以下，地域経済産業政策）について概観する．第2に，テクノロジーを様々なスポーツ場面に活用する取り組みと関連する知的財産政策について概観する．

（1）地域経済産業政策とスポーツ産業
　地域経済産業政策とスポーツ産業の振興は密接な関係がある．特に，地域の特性を生かして地域の産業や経済の活性化を目指す政策は，スポーツ施設の整備やスポーツツーリズムと関係がある．
　地域経済産業政策として取り組まれてきた施策の1つに企業立地の促進がある．昨今の企業立地施策は，「企業立地の促進等による地域における産業集積の形成及び活性化に関する法律（企業立地促進法）」(2007) に基づいて行われてきた．この施策は，相互に関連性を有する企業を産業集積内に立地させることで技術力の向上や生産性の向上を図り，地域経済の活性化を目指すものであった．
　同法に基づいて進められてきた取り組みの方向性は約10年後に修正された．2016年に産業構造審議会の地域経済産業分科会において今後の地域経済産業政策の在り方が議論された．[3] そこでは，非製造業分野への投資促進，地域の資源・魅力を活用した新たな収益機会の創出，企業立地促進法による地域への経済波及効果の不十分さ，同法の限定的な事業対象などが課題として挙げられた．そして，製造業だけではなく，成長が期待されるサービス業等の非製造業を含む幅広い事業を対象とする支援措置が求められた．このなかで，今後の成長期待分野の中にスポーツが取り上げられた．2017年には企業立地促進法を改正した「地域経済牽引事業の促進による地域の成長発展の基盤強化に関する法律（地域未来投資促進法）」が施行された．

地域未来投資促進法は，地域の特性を生かして高い付加価値を創出し，経済的効果を及ぼしうる地域の経済活動を牽引する事業（地域経済牽引事業）に対する地方自治体の主体的な取り組みを支援するものである．地域経済牽引事業は，市町村及び都道府県が策定した基本計画に国が同意し，国の同意を得た基本計画に基づいて事業者が作成する地域経済牽引事業に関する計画（地域経済牽引事業計画）を都道府県知事が承認することになっている．また，公設試験研究機関や大学など地域経済牽引事業に対して支援を行う者（地域経済牽引支援機関）が地域経済牽引事業に対して支援を行う計画（連携支援計画）を策定し，国に承認を申請することができる．そして，承認された地域経済牽引事業計画に対して，国からの予算，課税の特例，日本政策金融公庫による地域経済牽引事業への融資制度，農地転用許可や市街化調整区域の開発許可等に係る配慮など規制の特例措置などにより支援を行うものとなっている．なお，2019 年 5 月時点で国の同意を得た地方自治体の策定した基本計画は全国 228 件，都道府県知事の承認を得た地域経済牽引事業計画は全国 1584 件となっている［経済産業省 2019：22］．

　地域未来投資促進法に基づいて地域経済産業政策とスポーツ産業を関連づけている地域が複数存在する．例えば，兵庫県三木市は基本計画を策定し，5 億円の経済的効果を創出することを目標としている．この目標に向け，金属製品製造など産業集積を活用したものづくり分野，酒米等の特産物を活用した農業分野，城跡やゴルフ場等を活用した観光・スポーツ分野の 3 つを地域の特性を生かす分野として位置づけている．また，三木市，三木商工会議所，三木市ゴルフ協会，北播磨広域観光協議会，関西学院大学，みなと銀行が地域経済牽引支援機関となり，連携支援計画である「三木市ゴルフツーリズム推進連携支援計画」を策定し，ゴルフを核としたインバウンドツーリズムの推進やゴルフ産業の担い手育成を支援するとしている．

　一方，地域経済産業を活性化させるためにスポーツを核とした基本計画を策定している地方自治体として福島県いわき市が挙げられる．同市は「福島県いわき市スタジアムを中心としたまちづくり基本計画」を策定し，約 1.8 億円の経済的効果を得ることを目標としている．そして，地域経済を活性化させるために，株式会社いわきスポーツクラブが運営するサッカークラブである「いわき FC」や商業施設併設型クラブハウスである「いわき FC パーク」等を地域の特性として活用することによるスポーツツーリズムの拡大，スタジアムを中心としたスポーツ・まちづくり，いわき FC 等を活用した健康増進に向けた取り

組みを展開するとしている．また，この計画による事業の推進に当たり，いわき商工会議所，いわき信用組合，スポーツによる人・まちづくり推進協議会が地域経済牽引支援機関として支援を行うこととされている．

このように地域未来投資促進法による支援策を受けて，スポーツ産業を活用して地域の経済や産業の活性化が取り組まれている．

（2） 知的財産政策とスポーツ産業
1. 知的財産とスポーツ産業

近年，情報通信，映像，センサー，AI，データ分析など様々な分野で技術の開発や向上が進んでおり，このような技術をスポーツの様々な場面に導入・活用することが目指されている．例えば，ウェアラブルデバイスによりスポーツ実施者の様々な生体情報を測定し，取得したデータを分析・解析するなどしてトレーニングやリハビリテーションに役立てたり，数値やアニメーション等による動きの視覚化などによってスポーツ観戦の新たな楽しみ方を提供したりするなどである［電通 2016：104-118］．

様々な技術をスポーツに活用することで新たな市場が創造・拡大されつつあるなかで，知的創造活動によって生み出されたものの創作者の権利を保護することが必要となってくる．このような権利を保護するための制度として，知的財産制度がある．知的財産とは，「発明，考案，植物の新品種，意匠，著作物その他の人間の創造的活動により生み出されるもの（発見又は解明がされた自然の法則又は現象であって，産業上の利用可能性があるものを含む），商標，商号その他事業活動に用いられる商品又は役務を表示するもの及び営業秘密その他の事業活動に有用な技術上又は営業上の情報」（知的財産基本法第2条第1項）を指す．

また，知的財産制度によって保護される知的財産権は大きく2つに大別される［特許庁 2019：9］．1つは創作意欲の促進を目的とする「知的創造物についての権利」である．この権利には，特許権（自然法則を利用した高度な技術的創作の保護），実用新案権（物品の形状，構造等の考案の保護），意匠権（物品の形状，模様，色彩などの保護），著作権（文芸，学術，美術，音楽等の保護），営業秘密（設計図，製造ノウハウ，仕入れ先リストなど）などが該当する．もう1つは使用者の信用維持を目的とした「営業上の標識についての権利」である．この権利には，商標権（商品やサービスに使用する文字や図形等の保護），商号，商品等表示などが該当する．

知的財産権の中でも，特許権，実用新案権，意匠権及び商標権の4つを「産

業財産権」といい，これらの権利を特許庁に出願し，登録することで一定期間独占的に使用することが可能になる．産業財産権に関する制度は，新たな技術等に関する独占権の付与，模倣防止，取引上の信用維持等により，産業の発達を図るために存在する制度である［特許庁 2019：10］．

　財産的価値を有する発明や考案を行う者の権利保護や事業者間で公正な競争が行われるような環境を確保することは，企業の経済活動を活発化させることにつながる．また，創作の主体となる中小企業等が知的財産に関する意識を高めたり，知的財産の取得・活用を積極的に行うことによって成長し，結果として地域経済が活性化することも期待され，知的財産活動を活性化するための国による支援策が求められている．以下では，知的財産の保護，創出，活用等に関する政策を知的財産政策と捉え，知的財産に関わる様々な制度を概説する．

2. 知的財産政策の概略

　日本においては，無形資産の創造を産業の基盤に据えて経済・社会を活性化させるとして，2002年から知的財産政策が戦略的に推進されている．2002年7月には，従来の加工組立・大量生産によるものづくりに加えて付加価値の高い無形資産の創造を基盤としながら，知的財産を戦略的に保護・活用することで国際競争力を強化していくことが必要であるとして「知的財産戦略大綱」が策定された．そして，国家戦略として「知的財産立国」を実現していくこととなった．同大綱は，知的財産政策を「創造」，「保護」，「活用」，「人的基盤の充実」の4つの分野から戦略的に進めていく必要があるとした．また，同大綱の提言を受けて2002年12月に「知的財産基本法」が成立した．内閣に知的財産戦略本部が置かれ（知的財産基本法第24条），同本部が知的財産の創造，保護及び活用に関する推進計画を作成し，基本的な方針や政府が集中的に講ずべき施策等が定められることとなっている（知的財産基本法第23条）．

　これらの方針に基づいて知的財産の創造，保護，活用及び人的基盤に関する様々な取り組みが行われてきた．例えば，知的財産の保護に関しては，特許審査の迅速化を目指して審査時間の拡大，任期付審査官の増員，特許出願・審査請求に関する情報提供などに取り組んできた．また，企業が発明について複数の国・地域に対して特許を出願することが活発化している状況に鑑み，特許審査に関する国際的な協力を推進し企業の経済活動を支援するための取り組みの1つとして「特許審査ハイウェイ[4]」が進められ，2019年4月1日時点で特許庁

は42の国・地域とこの制度を実施している［経済産業省 n.d.：441］．さらに，秘密管理された技術等の営業秘密の保護を強化するための取り組みとして，不正競争防止法の改正や営業秘密の保護に関わる指針やマニュアルの整備が行われている．このほか，特許庁は新たな技術等の創出が期待される中小企業や大学等に対して，開発，保護・権利化，製品化，海外展開といった事業展開や研究開発の成果を社会に還元できるような支援策を実施している．

　昨今のAI，IoT，ビッグデータ等の技術革新により，「モノ」の生産や販売からデータを活用したサービス提供によるビジネスモデルへの転換，ネットワークを通じた様々な主体のビジネスへの関与，異業種間の紛争の発生など，知的財産をめぐる経済社会状況は大きく変化している．産業構造審議会知的財産分科会特許制度小委員会は，このような時代に適応した特許制度の在り方に関して，AI技術の保護の在り方，ネットワークを通じたビジネスモデルの適切な保護，プラットフォーム型ビジネスにおける適切な保護などについて検討し，「AI・IoT技術の時代にふさわしい特許制度の在り方──中間とりまとめ──」（2020年7月10日）を公表している．

　また，我が国の知的財産政策では，マンガ，アニメ，映画，ゲームなどのコンテンツを産業と結びつけることも重要となっており，コンテンツ戦略の成長分野としてeスポーツが注目されている．2018年に策定された「知的財産戦略ビジョン」では「価値デザイン社会」[5]が今後の社会の姿とされた．そして，「知的財産推進計画2019」はこの社会の実現に向けた今後の中長期的な方向性として，①「脱平均」の発想で個々の主体を強化しチャレンジを促す，②分散した多様な個性の「融合」を通じた新結合を加速する，③「共感」を通じて価値が実現しやすい環境を作る，の3つを柱として掲げた．3つの柱のなかで，③と関連して共感を生み出すコンテンツの持続的な生産・流通・利用の円滑な実施が重要であるとされ，コンテンツ分野における新たな成長領域としてeスポーツが取り上げられ，健全かつ多面的な発展のために適切な環境整備を図ることとされている．

3 　日本経済や産業構造におけるスポーツ産業の位置

（1）スポーツ産業の市場規模の把握に向けた取り組み

日本においてスポーツ産業の市場規模を把握する統計は様々なものがあり，

調査によって試算対象や試算手法が異なる．2016 年の『レジャー白書』による
と，2015 年のスポーツ産業の市場規模は約 4 兆円であり，2011 年からの 5 年
間で微増傾向にあるとされる．ただし，レジャー白書のスポーツ産業の市場規
模はスポーツ用品，スポーツクラブ，スポーツ観戦などの個人消費の総額であ
り，スポーツツーリズムやスポーツイベントの放送料などが含まれていない
[原田 2015：3]．一方，前述したビジョン 21 は 1989 年当時のスポーツ産業の市
場規模を約 6.4 兆円としている．さらに，スポーツ産業活性化の在り方を検討
した「スポーツ未来開拓会議中間報告」(2016) では，2012 年時点のスポーツ産
業の市場規模（小売，スポーツ施設業，興行・放送等の合計）は約 5.5 兆円とされて
いる．

　スポーツ庁と経産省の監修のもとで，様々な産業領域と関連するスポーツ産
業の規模を国際的に比較することが可能な形で把握するための取り組みが進め
られている．このスポーツ産業の統計は「日本版スポーツサテライトアカウン
ト（以下，日本版 SSA）」と称され，ヨーロッパにおけるスポーツ産業の勘定体系
（スポーツサテライトアカウント）に準拠する形で開発されたものである［スポーツ
庁・経済産業省 2018]．2017 年度に開発された日本版 SSA（日本版 SSA2017）は，
総務省の公表する産業連関表を基本データとして活用してスポーツ産業の経済
規模（スポーツ GDP）を推計している．日本版 SSA は随時見直しが行われている．
日本版 SSA2018 はデータの更新頻度の高い国民経済計算（内閣府経済社会総合研
究所）や社会調査アンケートを活用し［スポーツ庁・経済産業省 2019]，日本版
SSA2019 は日本版 SSA2018 で考慮されていない東京オリンピック・パラリン
ピックやマリンレジャーなどを含むものとなっており［スポーツ庁・経済産業
省 2020]，より精緻な分析が進められている．

　最新の日本版 SSA2019 による 2017 年のスポーツ GDP の全体は 8.4 兆円（内
訳はスポーツ部門約 5.8 兆円，流通部門約 1.2 兆円，投入部門約 1.5 兆円）であり，国内総
生産に占める割合は 1.55％となっている［スポーツ庁・経済産業省 2020：12]．また，
全体に占める割合の上位 5 部門とその規模をみると，娯楽（興行場・工業団，公営
競技，スポーツ施設提供業など）が 2 兆 3793 億円，教育（学校体育・スポーツ）が 1 兆
4238 億円，その他の製造工業製品（運動用品等）が 6194 億円，衣服・身回品（ス
ポーツウェア，スポーツ目的利用の一般衣料品など）が 4324 億円，その他の対個人サ
ービス（スイミングスクール，ヨガ教室など）が 3060 億円となっている［スポーツ
庁・経済産業省 2020：13]．

（2） スポーツ産業における成長分野

前述のように，「未来投資戦略2017」では供給面での生産性の伸び悩みと需要面での新たな有効需要の欠如を克服するため，IoT，ビッグデータ，AI等の産業を社会生活に活用することで経済成長が目指されている．スポーツ産業はこのような新たな技術によって付加価値を生み出すことが可能な成長分野として注目を集めている．第4次産業革命を社会実装することで経済成長を目指す現在の戦略的な取り組みにおいて，スポーツ産業は今後も拡大していくことが予想される．

特許庁はスポーツ関連技術に関する特許の動向に関する調査を行い，今後取り組むべき課題や方向性の提言を行っている［特許庁 2020b］．この調査によると，国内のスポーツICT市場は2018年の約898億円から2025年には9703億円まで成長すると予測されている．特に市場規模の大きいスポーツ観戦に関わる市場は，フォーメーションなどの解析技術，カメラの自動制御，VR・ARなどの技術開発の進展により拡大することが可能とされている．また，スポーツ実施者のパフォーマンス測定，採点や審判などの高度な競技場面だけではなく，健康状態や負荷の把握といった様々な形態のスポーツ実践場面も成長分野として注目されている．

新たな技術をスポーツの様々な場面に導入することが進められる中で，スポーツの技術等やスポーツの親しみ方に変化が生じうる．例えば，体操競技においてAIを活用した自動採点システムを富士通株式会社が開発し，2019年に開催された世界大会で正式に採用された［特許庁 2020a：5］．また，前述のように身体的な数値等の測定は一部のトップアスリートのためだけのものではなく，ウェアラブルデバイス等を通じて多くのスポーツ実施者が利活用可能なものになりつつある．一般市民への利用可能性が広がることで，スポーツに親しむ人が増加したり，健康増進につながることなどが考えられる．

様々な他分野との融合が期待できるスポーツ産業は，技術等の研究開発の成果を活用し，新たな需要価値を創造・獲得することが可能な分野として日本の経済成長に一定の貢献をしていくと考えられる．それと同時に，新たな技術が開発されスポーツの様々な場面へ応用されることにより，スポーツの技術やルール，人々のスポーツへの関わり方にも変化が生じる可能性が考えられる．

おわりに

　本章では，その時々の経済社会状況に対して経済産業政策が達成しようとしてきた課題のなかで，スポーツがどのような位置や役割にあったのかを歴史的に把握した．ゆとりや豊かさの実現が課題となった時期には，スポーツはレジャーやサービス産業としての位置づけを与えられた．内需拡大や民間活力が主要な課題になると，その実現のために民活法やリゾート法に基づいてスポーツ関連の大規模施設の整備が行われた．1990 年にビジョン 21 が出されたことは，スポーツ産業の位置づけが経済産業政策のなかで高まったことを示していると捉えられよう．現在では新規市場の創出・拡大や需要の創出が課題となっており，その実現への貢献が期待できるスポーツの一側面に注目が集まっていると考えられる．そして，成長産業化に向けた様々な施策や関連する諸政策の下でスポーツ産業の振興が進められようとしている．経済産業政策の目的を実現する政策体系のなかでスポーツはどのような手段として位置づいているのか，また，ある方針の下でスポーツ産業が振興されることによってスポーツにどのような変化が生じるのか，今後も注視していく必要があるだろう．

注

1) 「人間力」の抜本的強化という主要改革における教育現場の活性化等の中で，スポーツの振興が取り上げられることはあった．
2) スポーツ産業以外に新たな成長市場として挙げられたのは，第 4 次産業革命（IoT，ビッグデータ，人工知能），世界最先端の健康立国（ビッグデータ等の活用による診療支援，ロボット・センサー等の技術を活用した介護の質の向上等），環境・エネルギー制約の克服と投資拡大（再生可能エネルギーの導入促進等），既存住宅流通・リフォーム市場の活性化（住宅の資産価値向上）である．
3) この会議の結果は，「産業構造審議会地域経済産業分科会報告書：地域経済牽引事業を軸とした「地域未来への投資」の促進に向けて」（平成 28 年 12 月 14 日）としてまとめられている．
4) 出願人が先に特許を出願した庁（先行庁）において特許可能と判断された出願について，出願人が申請することにより，先行庁とこの取り組みを実施する庁（後続庁）において簡易な手続で早期審査が受けられるようにする枠組みのことである．
5) 「知的財産戦略ビジョン」[2018：38] によると，「経済的価値にとどまらない多様な価値が包摂され，そこで多様な個性が多面的能力をフルに発揮しながら，多面的能力をフルに発揮しながら，「日本の特徴」「日本の特徴」をもうまく活用し活用し，様々な，

66

様々な新しい価値を作しい価値を作って発信しって発信し，それが世界，それが世界
で共感され，共感され，リスペクトされリスペクトされていく」ような社会のことを
指す．

参考文献 》》》

秋吉貴雄・北山俊哉・伊藤修一郎［2015］『公共政策学の基礎〔新版〕』有斐閣.
岩田規久男・飯田泰之［2006］『ゼミナール　経済政策入門』日本経済新聞社.
電通［2016］「経済産業省委託調査　平成 27 年度我が国経済社会の情報化・サービス化に
　　係る基盤整備　2020 未来開拓調査研究事業　全体報告書」（https://dl.ndl.go.jp/view/
　　download/digidepo_11279229_po_000755.pdf?contentNo=1&alternativeNo=，2020 年 8
　　月 21 日閲覧）.
経済企画庁［1997］『戦後日本経済の軌跡　経済企画庁 50 年史』大蔵省印刷局.
経済産業省［n.d.］『平成 30 年度経済産業省年報』.
————［2019］「第 17 回産業構造審議会地域経済産業分科会 資料 2　地域経済産業政策
　　の方向性について」（https://www.meti.go.jp/shingikai/sankoshin/chiiki_keizai/pdf/
　　017_02_00.pdf，2020 年 8 月 16 日閲覧）.
公益財団法人日本生産性本部［2016］『レジャー白書 2016』.
国土交通省［2003］「総合保養地域の整備——リゾート法の今日的考察——」（https://
　　www.mlit.go.jp/hyouka/pdf/review/14/resort/honpen.pdf，2020 年 10 月 2 日閲覧）.
後藤田輝雄［2003］「産業政策のデザイン——競争優位の獲得と維持——」足立幸男・森脇
　　俊雄編『公共政策学』ミネルヴァ書房.
産業構造審議会［1971］『70 年代の通商産業政策』大蔵省印刷局.
新村出編［2018］『広辞苑　第七版』岩波書店.
スポーツ庁・経済産業省［2016］「スポーツ未来開拓会議中間報告——スポーツ産業ビジ
　　ョンの策定に向けて——」.
スポーツ庁・経済産業省監修，日本政策投資銀行・同志社大学［2018］「わが国スポーツ産
　　業の経済規模推計——日本版スポーツサテライトアカウント——」（https://www.dbj.
　　jp/topics/region/industry/files/0000030092_file2.pdf，2020 年 8 月 21 日閲覧）.
スポーツ庁・経済産業省監修，日本政策投資銀行・日本経済研究所・同志社大学［2019］
　　「わが国スポーツ産業の経済規模推計——日本版スポーツサテライトアカウント
　　2018-2014，2015，2016 年推計」（https://www.dbj.jp/topics/dbj_news/2019/files/d54
　　5855212980413e7169948e8c225eb_1.pdf，2020 年 8 月 21 日閲覧）
スポーツ庁・経済産業省監修，日本経済研究所［2020］「わが国スポーツ産業の経済規模推
　　計——日本版スポーツサテライトアカウント 2019-2017 年推計」（https://www.mext.
　　go.jp/sports/content/20200430-spt-sposeisy_000006676-1.pdf，2020 年 8 月 21 日閲覧）.
通商産業省［n.d.］『通商産業省年報平成元年度』.
通商産業省編［1990］『90 年代の通産政策ビジョン——地球時代の人間的価値の創造へ

────』通商産業調査会.

通商産業省・産業構造審議会編［1980］『80 年代の通産政策ビジョン』通商産業調査会.

通商産業省・通商産業政策史編纂委員会［1992］『通商産業政策史　第 8 巻──第Ⅲ期　高度成長期（1）──』通商産業調査会.

通商産業省産業政策局編［1986］『21 世紀産業社会の基本構想』通商産業調査会.

────［1990］『スポーツビジョン 21：スポーツ産業研究会報告書』通商産業調査会.

────［1994］『21 世紀への構造改革』通商産業調査会.

────［1994］『21 世紀の産業構造』通商産業調査会出版部.

通商産業政策史編纂委員会編, 石原武政編著［2011］『通商産業政策史 1980-2000 第 4 巻　商務流通政策』経済産業調査会.

通商産業政策史編纂委員会編, 岡崎哲二編著［2012］『通商産業政策史 1980-2000 第 3 巻　産業政策』経済産業調査会.

特許庁［2019］「知的財産制度入門」（https://www.jpo.go.jp/news/shinchaku/event/seminer/text/document/2019_syosinsya/all.pdf, 2020 年 8 月 18 日閲覧）.

────［2020a］「特許行政年次報告書 2020 年版」（https://www.jpo.go.jp/resources/report/nenji/2020/document/index/honpenall.pdf, 2020 年 8 月 18 日閲覧）.

────［2020b］「令和元年度特許出願技術動向調査結果概要　スポーツ関連技術」（https://www.jpo.go.jp/resources/report/gidou-houkoku/tokkyo/document/index/2019_02.pdf, 2020 年 8 月 18 日閲覧）.

原田宗彦編著［2015］『スポーツ産業論　第 6 版』杏林書院.

第**4**章　ODA 政策におけるスポーツ

はじめに

　1994 年に南アフリカ史上初の全人種参加選挙が実施され，初の黒人大統領に就任したネルソン・マンデラ氏は，その翌年に自国開催が予定されていたラグビーワールドカップ（以下，W杯）に際して「ワンチーム，ワンカントリー」をスローガンに，スポーツの力でアパルトヘイトによる人種差別の解消と国民の融和を目指した．そして，マンデラ氏の期待通り，南アフリカが初優勝を果たし，これをきっかけに南アフリカは人種融和に向けた大きな一歩を踏み出すことになる．マンデラ氏は後に「スポーツには政府以上に人種の壁を取り壊す力がある」と振り返った．

　2019 年，日本で開催されたラグビーW杯で，その南アフリカが 12 年ぶり 3 度目の優勝を手にした．その代表チームを率いたのは，貧困地域で生まれ育った黒人選手，シヤ・コリシ主将であった．ちなみに，1995 年大会では非白人選手がたった 1 人，今回は実に 11 人がメンバー登録されていた．1995 年当時，非白人が 9 割を超える南アフリカでは，白人の象徴とされてきたラグビーは，広く国民の支持を得ることはできなかったという．しかし，2019 年の優勝では，南アフリカ国民の多くが歓喜に酔いしれた．初優勝のチームで主将を務めたフランソワ・ピーナール氏は「今回の優勝は，1995 年の初優勝を超える大きな意味がある」と評している．

　社会変革をもたらすスポーツの力を垣間見た瞬間でもあったわけである．

　本章では，「開発と平和」と「国際協力」の観点からスポーツに与えられた役割に着目し，その歴史的経緯を紐解きながら，ODA（政府開発援助）とスポーツの関係について，解説していきたい．

1 ODA（政府開発援助）と JICA とスポーツ

　ODA とは Official Development Assistance（政府開発援助）の略語で，「開発途上地域の開発を主たる目的とする政府および政府関係機関による国際協力活

表 4-1　直近 3 年間の草の根文化資金無償協力　スポーツ関連実施リスト

年度	国名	G/C 締結日	案件名	供与限度額
2019	ラオス	2020/3/3	障がい者スポーツ器材整備計画	¥2,040,830
	ギニア	2020/2/25	コナクリ市空手道場拡張・整備計画	¥9,999,000
	ブルンジ	2020/3/17	ブジュンブラ空手道場建設計画	¥9,924,420
	南アフリカ	2020/3/17	アレクサンドラ地区柔道センター整備計画	¥2,985,620
	アルバニア	2020/3/4	アルバニア空手連盟器材整備計画	¥9,998,968
2018	ブータン	2018/12/2	ブータン柔道場建設計画	¥13,897,072
	キルギス	2019/1/31	カラ・バルタ市サッカー競技場人口芝敷設計画	¥9,924,656
2017	ネパール	2018/2/28	全ネパールサッカー協会サッカー場環境整備計画	¥7,873,910
	アンゴラ	2018/2/15	アンゴラ空手連盟空手器材整備計画	¥3,294,500
	ジブチ	2017/11/27	柔道器材整備計画	¥7,510,690
	ボツワナ	2018/2/28	ボツワナ空手協会空手道場拡張計画	¥9,346,590
	ルワンダ	2018/1/26	空手器材整備計画	¥7,410,920
	エルサルバドル	2018/1/16	エルサルバドル教育財団スポーツ関連施設整備計画	¥9,942,790
	コソボ	2018/3/20	コソボ柔道連盟器材整備計画	¥5,448,520
	セルビア	2017/12/18	セルビア体操連盟体操・新体操器材整備計画	¥9,500,384

出所）JICA HP をもとに筆者作成.

動」の支援のための公的資金を指す．つまり，開発途上国への公的援助である．
政府または関係機関は，平和構築，基本的人権の推進，人道支援等を含む「開発」を目的として，開発途上国に対して資金（贈与・貸付等）または技術提供を行っているのである．

　日本の ODA には二国間援助と多国間援助の形態があり，二国間援助はさらに，贈与と政府貸付に分けられる．スポーツ分野での支援では無償資金協力（草の根文化）として実施されるスポーツ施設等の建設支援（表 4-1）と，技術協力として実施される海外協力隊派遣などがある．

（1）JICA

　政府開発援助（ODA）を一元的に実施しているのが JICA（独立行政法人国際協力機構）である．JICA の前身である国際協力事業団が 1974 年に政府開発援助

の特殊法人として設立され，2003年10月に独立行政法人となり，現在の
JICAとなった．JICAの事業の中で実施されているスポーツ分野の活動として
は，青年海外協力隊やシニア海外ボランティアなどのJICAボランティア派遣
事業と草の根技術協力などがある．

　なお，JICAボランティア派遣事業は，以下の3つを目的としている．① 開
発途上国の経済，社会の発展，復興への寄与，② 友好親善，相互理解の深化，
③ 国際的視野の寛容とボランティアの経験の社会還元である．日本から派遣
されるボランティアが主体となって，相手国の人々と生活や活動をともに行い，
これらの目的を達成しようとするものであり，1965年に発足した青年海外協
力隊派遣事業は，最も歴史と実績のあるプログラムである．2020年3月現在の
青年海外協力隊の派遣実績は，実施国92カ国，派遣中の隊員1493名，累計隊
員数4万5776名（男性2万4302名，女性2万1474名）となっている．

（2）　JICAボランティア派遣事業とスポーツ

　JICAボランティア派遣事業は，計画・行政，公共・公益事業，農林水産，
鉱工業，エネルギー，商業・観光，人的資源，保健・医療，社会福祉の分野に
分かれており，スポーツはこのうち「人的資源」の職種に位置づけられている．
スポーツ分野でこれまでに派遣実績のある職種は**表4-2**の通りである．

　青年海外協力隊派遣開始当初の1960年代は「柔道」の派遣が最も多かったが，
1980年代以降，体育協力の重要性の高まりに連動する形で「体育」での派遣が

表4-2　スポーツ分野でのJICAボランティア派遣実績

青年海外協力隊
スキー（3）/エアロビクス（12）/陸上競技（140）/体操競技（163）/新体操（13）/水泳（226）/シンクロ（7）/水球（4）/テニス（49）/卓球（148）/バドミントン（50）/バレーボール（308）/バスケットボール（95）/ソフトボール（115）/野球（504）/ハンドボール（34）/サッカー（154）/レスリング（22）/フェンシング（1）/アーチェリー（1）/柔道（471）/空手道（104）/合気道（43）/剣道（51）/相撲（1）/ウエイトリフティング（12）/自転車競技（3）/ラグビー（59）/体育（1,343）
合計4,136人　2020年3月現在
シニア海外協力隊
陸上競技（6）/体操競技（4）/水泳（8）/卓球（12）/バドミントン（2）/バレーボール（2）/ソフトボール（2）/野球（11）/ハンドボール（1）/サッカー（13）/レスリング（1）/柔道（38）/空手道（10）/合気道（27）/剣道（31）/ラグビー（6）/体育（123）　合計297人　2020年3月現在

出所）JICAのHPをもとに筆者作成．

表 4-3　各国の「スポーツを通じた国際交流・貢献の推進」

主催国	担当部署	他省・他機関との連携/役割	概要
韓国	文化体育観光部	外交部 (2013 年)	• 文化体育観光部が戦略的国際交流（大陸別スポーツ交流支援，スポーツパートナーシッププログラムの締結，テコンドー師範派遣・用品支援事業など）を主管. • 2013 年 6 月，文化体育観光部は外交部と連携強化のための了解覚書（MOU）を締結.
仏国	スポーツ担当省	外務省 (2014 年)	• 2014 年 1 月 15 日，スポーツ担当省とフランス外務省は，スポーツ外交強化に係る共同イニシアティブを公表.
英国	DCMS	国際開発省 外務英連邦省	• 2008 年に開始された国際インスピレーション（International Inspiration）プログラムは，国際開発省との連携により，20 カ国以上の発展途上国に対する政府レベルから草の根レベルまでのスポーツ参加機会提供支援を実施. UK スポーツが運営主体となり，9 百万ポンドの財政支援は DCMS のほか国際開発省，外務英連邦省，ユニセフ，ブリティッシュカウンシル，FA プレミアリーグが共同して拠出.
豪州	ASC	外務貿易省 (2013 年)	• ASC は 2013 年，外務貿易省の執行機関 AusAID と連携し，2017 年までの 5 カ年にわたる共同戦略を策定. ASC の国際貢献プログラムと AusAID の海外援助プログラムにおける共同のアウトカム目標，横断的目標を設定，相互の協力を合意. • AusAID は 2013 年，アボット政権発足に伴う省再編時に廃止され，外務貿易省に統合. • 外務貿易省は 2014 年，スポーツ外交を含む戦略 2 カ年計画を単独で策定.
カナダ	スポーツカナダ局	外務国際貿易省 (主管)	• スポーツカナダ局は当政策に関与せず. • 20 カ国以上の発展途上国の子供らを対象にスポーツ活動支援を行う非営利団体 'Right to Play'（本部トロント，米国・ノルウェー・オランダ・スイス・イギリスに各国拠点）は外務国際貿易省が財政支援.
米国	PCFSN/USOC	国務省 (主管)	• USOC は国際交流事業を 1989 年に廃止. • 国務省教育文化局 SportsUnited Division が，ISPI（International Sports Programming Initiative），スポーツ交流，国際親善試合の協賛等事業を実施.

出所）スポーツ庁の在り方に関する調査研究報告書（2014 年度）をもとに筆者作成.

増加し，スポーツ分野の32%を占めている．他方，近年は，種目も多岐にわたり，開発途上国側のニーズが多様化していることもうかがえる．

（3） ODA の国際的動向

日本の ODA 実績（2019年）は，米ドルベースで前年比9.5%増の155億672万ドル（円ベースでは前年比8.1%増の1兆6909億円）となった．OECD の開発援助委員会（DAC）のメンバーのうち，EU を除く29カ国の中で日本の実績は，アメリカ，ドイツ，イギリスに次ぐ第4位であり，2015年以降5年連続で第4位となっている．他方，ODA の対国民総所得（GNI）比については，日本は0.29%（前年は0.28%）であり，DAC メンバー中，第13位（前年は第16位）となっている．

スポーツと ODA については，カナダ，オーストラリア，イギリスがこの分野の先進国とされるが，ODA を通じた協力のほか，NGO も大きな役割を果たしている（表4-3）．たとえば，カナダ政府は，コモンウェルス・ゲーム・カナダ（CGC）が主導する開発と平和のためのスポーツ（Sports for Development and Peace：SDP）プログラムに対して支援している．女性のエンパワーメント，ジェンダーイクオリティ，若者のリーダーシップ育成，HIV エイズの認知と予防，その他スポーツの潜在的可能性の強化を目的とするこのプログラムは，2001年以降，国内で125カ所，海外では30カ国を超える地域で200万人を対象に実施された．

また，カナダ政府はトロントに本部を置く NGO 組織，Right to Play（前身は1994年設立の Olympic Aid）の活動に対して財政的支援をしている．この Right to Play は，開発途上国のコミュニティ開発にスポーツを絡めた積極的な取り組みを開始し，世界20カ国以上で活動を繰り広げるなどいわば SDP の草分け的存在でもある．

一方，イギリスでは，2012年のロンドン五輪招致に際して，UK Sport が，国際開発省，大会組織委員会，文化・情報・スポーツ省，ブリティッシュカウンシル，ユニセフ，FA プレミアリーグなども連携した「国際インスピレーション（International Inspiration）」プログラムを実施している．当該プログラムでは「スポーツ・身体教育，プレーなどを通じて，イギリスを含めた21カ国，1200万人の子供たちの人生を豊かにする」を目標とし，① 学校と周辺におけるスポーツ教育の実施，② スポーツ環境と競技力の向上，③ スポーツを通じた人間・社会開発を支援してきた．

　スポーツは，国民の健康の維持・増進に寄与するのみならず，相手を尊重する気持ちや他者との相互理解の精神，さらには規範意識を育むことから，人間の生活の質向上に貢献するとの認識が，次節で見るように 2000 年以降，世界的に広まってきた．スポーツの持つ影響力が，途上国に開発・発展の「きっかけ」を与える役割を果たすものと期待されているのである．こうした国際的潮流のなかで，2020 年東京オリンピック（以下，TOKYO2020）招致の成功により，日本におけるスポーツを通じた国際貢献は，新たなステージを迎えることになった．

（1）SPORT FOR TOMORROW

　2013 年 9 月，アルゼンチンのブエノスアイレスで，2020 年夏季オリンピック・パラリンピック開催国を決定するオリンピック委員会（IOC）の総会が開催された．その総会で，安倍晋三首相は（当時）東京招致の是非を決する最後のスピーチで以下のように力説した．

> 「2020 年に東京を選ぶとは，オリンピック運動の，ひとつの新しい，力強い推進力を選ぶことを意味します．なぜならば，我々が実施しようとしている『スポーツ・フォー・トゥモロー』という新しいプランのもと，日本の若者は，もっとたくさん，世界へ出て行くからです．学校をつくる手助けをするでしょう．スポーツの道具を，提供するでしょう．体育のカリキュラムを，生み出すお手伝いをすることでしょう．……やがて，オリンピックの聖火が 2020 年に東京へやってくるころまでには，彼らはスポーツの悦びを，100 を超す国々で，1000 万になんなんとする人々へ，直接届けているはずなのです．」

　こうして，2014 年から 2020 年までの 7 年間で開発途上国をはじめとする 100 カ国以上，1000 万人以上を対象に，日本政府が推進するスポーツを通じた国際貢献事業（「スポーツ・フォー・トゥモロー（SPORT FOR TOMORROW：SFT）」プログラム）が開始された．
　SFT は以下の 3 つの柱によって構成されている．

第1に，スポーツを通じた国際協力および交流である．外務省やJICA，国際交流基金や文部科学省（スポーツ庁），スポーツ振興センターが主な実施団体となり，それぞれの活動が展開される．国際交流基金によるスーダンの現地有力選手に対するレスリング実技講習などの文化芸術交流事業や，JICAが実施してきた青年海外協力隊事業によるスポーツ指導者の派遣事業などがこれにあたる．

　第2に，国際スポーツ人材育成拠点の構築である．この分野では，文部科学省や筑波大学，日本体育大学や鹿屋体育大学が主な実施団体となり，文部科学省受託事業としてスポーツアカデミー形成支援事業が実施されている．

　第3に，国際的なアンチドーピングの推進である．

　ところで，2011年に成立したスポーツ基本法はその前文で「スポーツの国際的な交流や貢献が，国際相互理解を促進し，国際平和に大きく貢献するなど，スポーツは，我が国の国際的地位の向上にも極めて重要な役割を果たすものである」と明記している．先述の通り，TOKYO2020の開催が決定したのは2013年であるが，2年後の2015年，日本で初めて，スポーツを専門に管轄する「スポーツ庁」が文部科学省の外局として設置された．同庁はスポーツによる国際交流や国際協力を推進し，SDGsに掲げる社会課題解決に貢献することを2030年までの中間ビジョンとしている．また，日本政府が世界に約束した具体的なアクション「スポーツ・フォー・トゥモロー」プログラムの実施についても，もちろんこのスポーツ庁が中心的役割を担っている．

（2）Asian Scrum Project

　「スポーツ・フォー・トゥモロー」に関連するプログラムとして，Asian Scrum Projectについて触れておきたい．

　2019年のラグビーW杯日本開催に向けて，公益財団法人 日本ラグビーフットボール協会（JRFU）がアジアでのラグビー普及活動「Asian Scrum Project」を開始した．この「Asian Scrum Project」は，ビックイベント招致に向けた開発途上国への貢献という意味において，TOKYO2020に向けたスポーツ・フォー・トゥモローとまさに同じ構図にある．

　当該プロジェクトの目的は，① アジアにおけるラグビーの発展，② アジアにおけるラグビーを通じた相互理解の深化と共生，③ 参加経験を通じて育成される人材の社会還元であった．また，2015年の持続可能な開発目標（SDGs）

17のうち，あらゆる年齢のすべての人々の健康的な生活を確保し，福祉を促進する（目標3），すべての人に包括的かつ公正な質の高い教育を確保し，生涯学習の機会を促進する（目標4），ジェンダー平等を達成し，すべての女性および幼児の能力強化を行う（目標5）の3つの目標に取り組んだ．

　JRFU は，2013 年 7 月，JICA と連携してラグビーを職種とする青年海外協力隊およびシニア海外ボランティアを派遣する「JICA-JRFU スクラムプロジェクト」を設立した．この連携によって JICA の資源をもとに JRFU のプロジェクトを拡大させ，同時に，ODA としてプロジェクトの対外的な信頼性を高めることができた．一方，JICA にとっては，派遣ニーズをこれまでより広く効果的に収集できること，スポーツ・フォー・トゥモローとの抱き合わせで事業を展開できるというメリットがあった．

　以上，ラグビーW杯，TOKYO2020 の開催を契機とする日本のスポーツを通じた国際協力の現状を概観したが，その背景となる国際的動向を確認しておきたい．

3 「開発と平和のためのスポーツ」をめぐる国際的動向

（1）ユネスコ　体育・スポーツ憲章から 2000 年まで

　国際連合とスポーツの関わりは，1952 年までさかのぼる．その年，国際連合教育科学文化機関（ユネスコ）第 7 回総会において，教育部門に体育・スポーツ関連セクターが開設された．スポーツの持つ教育的効果に着目し，青少年の健全育成の手段として採用したのは，ユネスコが初めてであり，その後もスポーツと国際協力に関するパイオニアとして重要な役割を担ってきた．

　ユネスコは，1976 年に第 1 回「体育・スポーツ担当大臣等国際会議（International Conference of Ministers and Senior Officials Responsible for Physical Education and Sport：MINEPS）」をフランス（パリ）で開催し，教育の権利と人権の文化，および調和のとれた個人の育成を図るためには，体育・スポーツの国際レベルにおける開発戦略が不可欠との認識に基づき，適切な政策の推進と，そのための情報交換を目的とした．そして，1978 年の第 20 回総会で，「体育・スポーツ国際憲章」を採択し，世界規模でのスポーツ・フォー・オール運動を通じて，体育・スポーツを推進することになった．当該憲章の骨子は以下の通りである．

第1条　体育・スポーツの実践はすべての人にとって基本的権利である.

第2条　体育・スポーツは全教育体系において生涯教育の不可欠の要素を構成する.

第3条　体育・スポーツのプログラムは個人および社会のニーズに合致しなければならない.

第4条　体育・スポーツの教授, コーチおよび行政は, 有資格者によって行われるべきである.

第5条　十分な施設と設備は体育・スポーツに不可欠である.

第6条　研究と評価は体育・スポーツの発展に不可欠の要素である.

第7条　情報および資料は体育・スポーツの振興を助ける.

第8条　マスメディアは体育・スポーツに積極的影響を及ぼすべきである.

第9条　国家機関は体育・スポーツにおいて主要な役割を果たす.

第10条　国際協力は体育・スポーツの全般的で十分に均衡のとれた振興に必要不可欠である.

なお, 第10条 (3) は「世界共通語としての体育・スポーツにおける協力と相互利益の追求を通じて, すべての諸国民は, 恒久平和, 相互尊重, および友好の維持に貢献し, 国際問題解決のための好ましい環境を作り出すであろう.」としている. このように, スポーツの発展のための国際協力が, 恒久平和や相互尊重に貢献し, 国際問題解決のための好ましい環境を作り出すと宣言されたのである.

1978年「体育・スポーツ国際憲章」はその後, 1991年の一部改正を経て, 2015年11月に, 近年の国際的動向を踏まえて全面的に改定され, 「体育・身体活動・スポーツ国際憲章」としてユネスコ総会で採択されている.

なお, ユネスコは, 1999年12月, ウルグアイ (プンタ・デル・エステ) で, 第3回体育・スポーツ担当大臣会議 (MINEPS III) を開催し, プンタ・デル・エステ宣言を採択している. その宣言では, 国家的, 地域的, 国際的レベルでの体育・スポーツの分野における新しい形の協力と協議の観点からスポーツの意義が強調されている. また, 特筆すべきは, 開発国と途上国との格差是正のために, スポーツおよび体育は強力な手段となりうることを認識し, ODAを通じたスポーツ資源の提供を各国に求めている点である.

以上のように, 1990年代, さまざまな国際会議で国連関連機関, 各国政府,

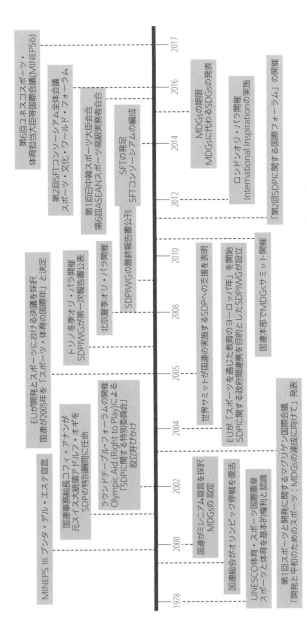

図 4-1　開発と平和のためのスポーツをめぐる世界的動向

出所）UNICEF［2008：4］をもとに筆者作成.

スポーツ界，開発NGOなどによる協働が模索され，2000年代以降，「開発と平和のためのスポーツ（SDP）」の実施に向けた動きが国際的に活発化したのである（図4-1）.

　ところで，2000年は開発分野における国際社会の政策的連携にとって重要なターニングポイントとなった．同年9月に，国連ミレニアム・サミットがNY国連本部で開催され，147の国家元首を含む189の国連加盟国代表が，21世紀のより安全で豊かな世界づくりに向けて，ミレニアム開発目標（Millennium Development Goals（MDGs）＝貧困・飢餓の撲滅，男女平等の推進と女性地位の向上など8つの目標，21のターゲット，60の指標）を達成するとした「国連ミレニアム宣言」を採択したのである.

（2）　2001〜2014年の動向

　2001年，国連事務総長であったコフィ・アナン氏が，元スイス連邦大統領アドルフ・オギ氏をSDPの特別顧問（Special Advisor to the UN Secretary General on Sport for Development and Peace）に任命している．その特別顧問を補佐する事務局として，ジュネーブに「開発と平和のためのスポーツに関する国連事務局（United Nations Office on Sport for Development and Peace, UNOSDP）」が開設された．翌2002年7月，オギ氏を議長とするSDPに関するタスクフォース（United Nations Task Force on Sport for Development and Peace）が設立され，2003年2月，スイスのマグリンゲンで「第1回スポーツと開発に関する国際会議（1st International Conference on Sport and Development）」が開催された．この会議には，各国政府や各国連機関，スポーツ界や国際開発NGO，メディアなどから380名を越える代表者が参加し，マグリンゲン宣言（The Magglingen Declaration）を採択した．この宣言では，1）スポーツは人間の基本的権利であり，本質的なライフスキルを学ぶ理想的な領域であり……人種，宗教，性別，障害の有無，社会的地位による障壁を克服する手助けとなる，2）スポーツは，教育的，社会的，倫理的，経済的に多くの望ましい効果をもたらすものであること，などが指摘され，政府，国連，スポーツ界，NGO，スポーツ産業，メディアのあらゆる人々に「開発のためのスポーツ」への貢献を求めている．そして「スポーツを通じたより良き世界の創造に向けた第一歩とする」と締めくくっている.

　また，SDPに関する国連のタスクフォースは，2003年3月に「開発と平和を後押しするスポーツ：ミレニアム開発目標の達成に向けて（Sport for

Development and Peace: Towards Achieving the Millennium Development Goals）」を発表し，MDGs の達成に向けてスポーツが果たしうる役割について確認したうえで，SDP に関する今後の具体的な方向性を提示した．この報告書は国際社会における SDP の推進力となり，2003 年 11 月の国連総会において「教育を普及，健康を増進，平和を構築する手段としてのスポーツに関する決議（Sport as a means to promote education, health, development and peace）」が採択され，さらに，2005 年を「スポーツ・体育の国際年（The International Year for Sport and Physical Education）」とする決議も採択された．2004 年 8 月には，SDP に関する国際ワーキング・グループ（Sport for Development and Peace International Working Group：SDPWG）が発足，2006 年から 3 年連続で報告書を発刊し，開発途上国での SDP の成功事例，各国で実施されている SDP の紹介と実務の課題，SDP の実効性に関するエビデンスと各国政府への提言をまとめた（Sport For Development and Peace, 2006, 2007 and 2008）．

　スポーツによる開発にこれまでにないほどの関心が寄せられ，国際社会が目指すべき方向をスポーツによって実現していくという機運とともに，その期待も高まった．

　また，2011 年には，IOC と UNOSPD の共催で「第 2 回スポーツ・平和・開発に関する国際フォーラム」が開催され，オリンピックなどのスポーツ・メガイベントと社会課題の解決が同時に語られるようになっていった．2012 年のロンドン五輪に際して，International Inspiration が展開されたことは前述の通りである．こうした国際的潮流のなかで，TOKYO2020 の招致活動において，スポーツを通じた日本の貢献として SFT が打ち出されていくわけである．

（3）2015 年〜現在の動向

　2015 年までの到達目標であった MDGs に続いて，2015 年 9 月に「持続可能な開発（Sustainable Development Goals：SDGs）のための 2030 アジェンダ」が採択された．その新アジェンダの一つとして，「スポーツもまた，持続可能な開発における重要な鍵となるものである．我々は，スポーツが寛容性と尊厳を促進することによる，開発および平和への寄与，また，健康，教育，社会包摂的目標への貢献と同様，女性や若者，個人やコミュニティの能力強化に寄与することを認識する」と明記されている．

　また，これに対応する形で 2015 年 11 月にユネスコの体育・スポーツ国際憲

章が「体育・身体活動・スポーツ国際憲章」として大幅に改正されている.

　SDGs に対応すべく改正された条文としては,「第2条:体育・身体活動・スポーツは,個人,コミュニティ,社会全体に幅広い恩恵をもたらすことができる」,「第3条:すべての関係者が戦略的ビジョンの創造,方針の選択や優先順位の策定に参画しなければならない」,「第5条:すべての関係者は,その活動が経済的,社会的,環境的に持続可能であることを保証しなければならない」が挙げられる.また SDP の関係では,「第11条:体育・身体活動・スポーツは,開発,平和,紛争後及び災害後の目標の実現において重要な役割を果たすことができる」としている.

　2017 年 7 月開催のユネスコ「体育・スポーツ担当大臣等国際会議(MINEPS Ⅵ)」では,「スポーツ・フォー・オール」,「持続可能な開発と平和に向けたスポーツの貢献の最大化」,「スポーツの高潔性」の 3 つのテーマに基づく実行指向型の成果文書「カザン行動計画」が策定された.

　その後,日本は「カザン行動計画」へのコミットメントとその成果が評価され,ユネスコの「体育・スポーツの政府間委員会(CIGEPS)」のメンバー国に選出された.2018 年 9 月には,「第 2 回日中韓スポーツ大臣会合」が日本で開催され,第 1 回会合(韓国・平昌)で合意した「平昌宣言」に基づいて,3 カ国間のスポーツ交流を促進するための方策等について議論を行い,「東京行動計画」を取りまとめた.また,2019 年 10 月に「第 2 回日・ASEAN スポーツ大臣会合」をフィリピン(マニラ)で開催し,2017 年の第 1 回会合(ミャンマー・ネーピードー)で合意した優先協力項目(女性スポーツ,体育教師・指導者の育成,障害者スポーツ,ドーピング防止)等について,日本と ASEAN 諸国のスポーツ協力関係を確実に推進するための議論を実施するなど,日本は SDP 推進のリーダーとしての存在感を高めている.

　その一方で,2017 年に突如,開発と平和のためのスポーツに関する国連事務局(UNOSDP)が閉鎖され,それと同時に,IOC 会長のトーマス・バッハ氏と国連事務総長のアントニオ・グテーレス氏が IOC と国連で直接のパートナーシップを締結することに合意した.UNOSDP 閉鎖の理由を,重複事務の解消としているが,開発と平和のためのスポーツの推進と SDGs の実現に向けた重要な役割を担ってきた国連機関が消滅することについて,関係組織から懸念の声が上がっている.

おわりに

　スポーツには社会を変える力がある．その認識が，国際社会において広まりを見せる中で，国際開発のコンテクストにおいてスポーツが存在を高めてきた歴史がある．こうした潮流が生まれる以前から，日本のODAとしてスポーツ分野にも一定の関心が注がれ，1965年から青年海外協力隊としての派遣実績が積み上げられてきた．そしてTOKYO2020を契機に，日本はその存在感をにわかに高めている．もっとも，SDPの先進国として知られるオーストラリア，カナダ，イギリスはいずれも2000年以降の五輪開催国である．メガイベント開催の正当化としてSDPが利用される側面も否定できない．TOKYO2020以降の継続的な活動と，何より開発現場の目線に立った成果にこそ，SDPの真価が問われるのである．

参考文献 》》》

〈邦文献〉

安倍大輔［2006］「国連におけるスポーツ政策の展開──『スポーツと体育の国際年』に着目して──」『総合政策研究紀要』（尚美学園大学），11.

内海和雄［2016］「国連とスポーツ──開発と平和のためのスポーツ──」『広島経済大学研究論集』38(4).

───── ［2012］『オリンピックと平和──課題と方法──』不昧堂出版.

岡田千あき［2015］「国際社会における『開発と平和のためのスポーツ』の20年」『大阪大学人間科学研究科紀要』41.

小林勉［2014］「なぜスポーツを通した国際開発か？」『現代 スポーツ評論』31.

───── ［2017］『スポーツで挑む社会貢献』創文企画.

───── ［2018］「スポーツによる国際貢献の向こう側──スポーツ援助の先に何が起こるのか？──」『Asian and Pacific Studies』43.

齊藤一彦・岡田千あき・鈴木直文［2015］『スポーツと国際協力──スポーツに秘められた豊かな可能性──』大修館.

清水諭・友添秀則編［2014］「特集　スポーツを通した国際貢献のいま」『現代スポーツ評論』31.

柾本伸悦［2012］「スポーツによる国際協力──国連機関の開発援助の歴史と意義──」『広島経済大学研究論集』35(2).

美土路昭一［2019］「南アフリカ初の黒人キャプテン，コリシ　人種隔離の歴史背負いプレ

　ー」BBC NEWS JAPAN, 2019. 9. 24.

向山昌利［2015］「ラグビーワールドカップ 2019 を契機とした『開発のためのスポーツ』
　の現状」『スポーツ産業学研究』25(2).

外務省［2020］「日本の国際協力——世界を結び，未来を紡ぐ——」『2019 年版 開発協力
　白書』.

国際協力機構［2019］「スポーツ・フォー・オール　みんなのスポーツ——JICA による
　『スポーツと開発』分野への協力」.

首相官邸［2013］「IOC 総会における安倍総理プレゼンテーション」(http://www.kantei.
　go.jp/jp/96_abe/statement/2013/0907ioc_presentation.html, 2020 年 9 月 19 日閲覧).

スポーツ審議会［2018］「スポーツ国際戦略について（答申）」.

文部科学省委託調査［2014］「スポーツ庁の在り方に関する調査研究（海外におけるスポー
　ツ施策の連携等に関する調査）報告書」.

〈欧文献〉

Darnell, S. C. Field, R.and Kidd, B. [2019] *The History and Politics of Sport-for-
Development: Activists, Ideologues and Reformers* (Global Culture and Sport
Series), London: Palgrave Macmillan.

Darnell, S. C. [2012] *Sport for Development and Peace: A Critical Sociology*, London:
Bloomsbury Publishing. Hayhurst, L.et.al. [2017] *Beyond Sport for Development and
Peace: Transnational Perspectives on theory, policy and practice*, Routledge.

Kidd, B. [2008] "A New Social Movement: Sport for Development and Peace," *Sport in
Society*, 11(4).

Mandela, N. [2000] "Mandela N. Speech at The Inaugural Laureus Lifetime
Achievement Award.Inaugural Laureus Lifetime Achievement Award," Monaco:
Monte Carlo.

Sanders, B. [2017] *Dropping the Ball* - Critiquing the recent closure of the UNOSDP,
Sportanddev.org, July 11, 2017 (https://www.sportanddev.org/en/article/news/
dropping-ball-critiquing-recent-closure-unosdp, 2020 年 9 月 19 日閲覧).

SDP IWG [2006] *Sport for Development and Peace: From Practice to Policy.*

———— [2007] *From the Field: Sport for Development and Peace in Action.*

———— [2008] *Harnessing the Power of Sport for Development and Peace:
Recommendations to Governments.*

Sport and Development International Conference [2003] *The Magglingen Declaration
and Recommendations.*

The Commonwealth [2015] *Sport for Development and Peace and the 2030 Agenda for
Sustainable Development.*

The Intergovernmental Committee for Physical Education and Sport (CIGEPS) [2019]
Intergovernmental Committee for Physical Education and Sport.

UNESCO [1999] *Third International Conference of Ministers and Senior Officials Responsible for Physical Education and Sport* (MINEPS Ⅲ), Punta del Este, Uruguay.

――――― [2017] *Kazan Action Plan.*

UNICEF [2008] *Introduction To Sport For Development And Peace.*

UN [2000] *Millennium Declaration.*

――――― [2005] *Resolution adopted by the General Assembly: 2005 World Summit Outcome.*

――――― [2015] *The Millennium Development Goals Report.*

UN Secrfetary-General [2006] *Sport for Development and Peace: the Way Forward.*

UNOSDP [2005] *Sport for a Better World: Report on the International Year of Sportand Physical Education.*

――――― , *Sport and The Sustainable Development Goals: An Overview Outlining the Contribution of Sport to the SDGs,* (https://www.un.org/sport/sites/www.un.org. sport/files/ckfiles/files/Sport_for_SDGs_finalversion9.pdf, 2020 年 9 月 19 日閲覧).

〈ウェブサイト〉

国際協力機構 HP (https://www.jica.go.jp/publication/mundi/1806/201806_02_02.html, 2020 年 9 月 19 日閲覧).

"An overview outlining the contribution of sport to the SDGs," (https://www.mofa. go.jp/mofaj/gaiko/oda/files/000359849.pdf, 2020 年 9 月 19 日閲覧).

水上博司

第**5**章　自治体政策におけるスポーツ

はじめに

　1947年の地方自治法の制定以来，自治体政策がクローズアップされるようになったのは，2000年施行の「地方分権一括法」(以下，分権法[2])からである[今井 2004]．また1961年のスポーツ振興法の制定以来，自治体のスポーツ政策に大きな変革がもたらされたのは，同じく2000年策定の日本初の「スポーツ振興基本計画[3]」からである[文部科学省 2000]．このような2000年からはじまった自治体とスポーツをめぐる政策変化の背景には，国（政府）による中央集権体制がもたらした全国画一的な自治体政策への反省があった．ではいったい地域特性を生かした多様な自治体政策は，どういう手法で立案・実施がなされるべきなのであろうか．この問いに応える公共政策論では，議会の構成員として市民を捉えるだけではなく，政策立案・実施の主体として市民を広義に捉える市民参加型の自治体政策論が注目されるようになった．分権法制定から20年が経過した今でも自治体政策では，どのような市民参加型自治がふさわしいのか，全国各地で試行錯誤が繰り返されているのだ[地方自治研究機構 2018]．一方，スポーツの政策論では，教育政策としての体育・スポーツ振興だけではなく，スポーツ振興がもたらす地域活性化やスポーツがもたらす地域産業振興も論じられるようになった．

　本章では，こうした政策論をカバーしつつ自治体のスポーツ政策を論じることにしたい．その際，本章のテーマは広範な論点が想定されるので，次の4点に絞って順に論じることにする．第1に分権法制定後，自治体政策には，どのような課題があり，その課題を克服するためには何が求められているのか．ここでは政策主体論が主たる課題であることを解説する．第2に自治体のスポーツ政策領域には，どのようなものがあるのか，その基本方針を主に2017年策定の「第2期スポーツ基本計画」(以下，2期計画)から確認し[スポーツ庁 2017]，とりわけ「地方スポーツ推進計画」の策定における市民参加の必要性を論じる．第3に「地方創生」が目指すスポーツ政策を取り上げ[内閣府 2014 ; 2019]，その施策の推進役を担うスポーツ庁の地域活性化策を取り上げる．そして最後に，

スポーツ政策の市民参加を実現する連携組織やマルチ・タスクホルダー・プロセス［社会的責任に関する円卓会議 2012］の必要性を論じて締めくくる．本章は，こうした4点を順に論じることから自治体におけるスポーツ政策が，スポーツの公共政策のあり方を探求する助けになると考えている．

1 自治体政策の政策主体

　分権法は，自治体政策にどのような変化をもたらしたのであろうか．**図 5-1**は，分権法制定後に自治制度が，どのように変化をしたのかについて制定前と制定後の違いを図示したものである［今井 2017：30-31］．制定前は国と自治体の上下・主従関係にもとづく中央集権型であるため政策過程では国の権限が強く，図下部に描かれる市民は政策過程の主体からは遠い位置にあることを表している．一方，制定後は国と自治体の水平・対等関係を確立すべく条例制定や法令

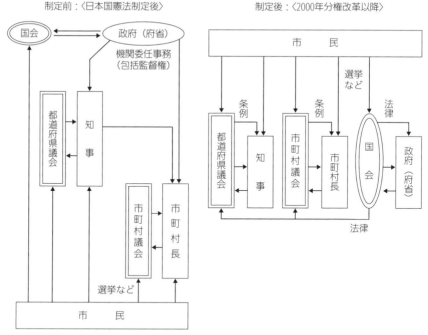

制定前：〈日本国憲法制定後〉　　　　　　　　制定後：〈2000年分権改革以降〉

図 5-1　地方分権改革前後の自治制度の違い

出所）今井［2017：30-31］

運用など，さまざまな権限を国から自治体へ委譲する地方分権型である．図上部に描かれる市民の姿は，地域特性を生かした自治体政策を市民参加型で立案していく期待を象徴している．こうした市民参加型を理想とした地方分権改革は，自治体に対して，その基本方針となる自治基本条例の制定を後押しした[5]．

　しかしながら，分権法制定から 20 年を経たとはいえ，地方分権は，いまだ道半ばであり試行錯誤を繰り返している．たとえば，自治基本条例の制定は，2020 年 4 月時点では全市区町村 1741 のうち 391 であり，制定率は約 2 割にとどまる［NPO 法人公共政策研究所 2020］．また 2017 年 9 月の地方自治研究機構の調査によれば「分権改革が進展している現在，市区町村の自主性・自立性は拡大したと思いますか」に回答した 439 の自治体のうち「拡大した」3.9%と「やや拡大した」39.2%を合計しても 43.1%で半数に満たない結果が報告されている［地方自治研究機構 2018：50］．

　このことに鑑みれば，地方分権改革が目指す市民参加型自治の現在の到達点とその意義を繰り返し問うことは無駄ではないはずだ［山口 2011：500-512］．ではなぜ自治体政策に市民参加が声高に求められるのであろうか．**図 5-2** は，2015 年 8 月に実施されたつくば市総合運動公園計画の賛否を問う住民投票後，この計画に反対票を投じた住民に，その理由を尋ねたアンケートの結果である．複数回答では「市民意見を反映しない進め方」がもっとも多く，公園の計画化

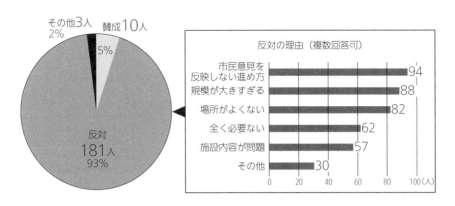

つくば市総合運動公園の住民投票の後に，つくば・市民ネットワークがアンケートハガキと街頭アンケートで得た回答を集計したもの（回答 194 人）．（資料：つくば・市民ネットワーク）

図 5-2　つくば市総合運動公園計画の賛否

出所）宮沢・江村［2016］

に至る政策過程において市民参加が十分ではなかったことが明らかとなった［宮沢・江村 2016：48-51］．この住民投票は，市民がどのような政策主体として公園計画の立案に関わったのか，この情報が十分に市民に公開されていなかったことを物語っている．自治体の行政手続き上，会議体への公募委員枠での市民参加型であったしても，それが市民の側からみた市民参加型であるのか，というと両者には大きなズレがあったと言っても過言ではなかろう．つくば市の例に限らず，こうしたズレは，多くの自治体が経験済みなのではないか．自治体政策は日頃から市民への情報公開をすすめ，行政運営の透明性を確保しておかなければ，市民から施策の立案・実施に対する信頼性を得ることは難しい．地方分権後の市民は，縮小する自治体財源の中から，どのような優先順位をつけて施策を立案・実施していくのかについて厳しく問う政策主体なのである．たとえば，ソーシャル・ネットワーキング・サービスを通じて公共政策に対する意見を集約・拡散できる市民メディアの活動を想像すれば，市民参加型自治の可能性を排除することはできないであろう．

　しかしながら，政策の立案は市民であれば誰でもよいというものではない．どのような市民や団体等が政策主体としてふさわしいのか，このことは立案する政策は何か，またその政策の主たる受益者は誰かといった政策領域の公共性に大きく左右される．今井は，自治体政策の構造を**図5-3**のようにX軸の政策過程（政策立案，政策実施，政策評価），Y軸の政策主体（議員，自治体職員，市民，NPO など），Z軸の政策領域の3軸で表し，とりわけZ軸の政策領域が「① 個人の解決能力を超える問題であること，② 社会的に対応することが効果的・効率的であること，③ 市民合意が得られていること」［今井 2004：12］といった公

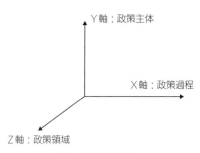

図5-3　自治体政策構造のイメージ
出所）今井［2014：12］

共性をクリアできていなければ政策主体像は明らかにできないという．そこで次節では，自治体におけるスポーツの政策領域の公共性とは何かを探ってみることにしよう．

2 自治体のスポーツ政策領域

　X軸に当てはまる自治体のスポーツ政策領域とは，どのような基本方針に基づいて施策化されているのであろうか．その際の基本方針は，2012年の「第1期スポーツ基本計画」と2017年の「第2期スポーツ基本計画」が参考になろう［文部科学省 2012；スポーツ庁 2017］．本節ではもっとも直近の2期計画を取り上げる．**表5-1**は，2期計画で施策化された「今後5年間に総合的かつ計画的に取り組む施策」の一覧である．このような施策は（1）スポーツで「人生」が変わる，（2）スポーツで「社会」を変える，（3）スポーツで「世界」を変える，（4）スポーツで「未来」を創るといった指針に基づくもので，それぞれの指針は順に「スポーツで人生を健康で生き生きとしたものにできること，共生社会，健康長寿社会の実現，経済・地域の活性化に貢献できること，多様性を尊重する世界，持続可能で逆境に強い世界，クリーンでフェアな世界に貢献できること，2020年東京オリンピック・パラリンピック競技大会等を好機として，スポーツで人々がつながる国民運動を展開」できることを目指す．このことはスポーツ実践がもたらす健康・生活文化的な価値に加えて，スポーツの社会経済的な価値とその発展可能性にも公共性を有していることを意味している．

　さらに指針に基づいた施策は4区分されており，「1．スポーツを『する』『みる』『ささえる』スポーツ参画人口の拡大とそのための人材育成・場の充実」では，多様なスポーツへの関わり方を政策対象として位置づけることで，個人の健康増進や生きがいにつながる健康・生活文化的な価値向上を目指すことがわかる．スポーツの多様な関わり方が「2．スポーツを通じた活力があり絆の強い社会の実現」につながる地域活性化策を生み出すのである．さらに「3．国際競技力の向上に向けた強力で持続可能な人材育成や環境整備」と「4．クリーンでフェアなスポーツの推進によるスポーツの価値の向上」では，2020東京五輪後をにらみ国（政府）によるアスリート支援への依存体質を少なくし，スポーツ組織・団体の自立的な支援体制へ転換する方向が示されようとしている［スポーツ庁 2017］．

表 5-1　今後 5 年間に総合的かつ計画的に取り組む施策

1　スポーツを「する」「みる」「ささえる」スポーツ参画人口の拡大とそのための人材育成・場の充実
　(1) スポーツ参画人口の拡大
　　　　①若年期から高齢期までライフステージに応じたスポーツ活動の推進
　　　　②学校体育をはじめ子供のスポーツ機会の充実による運動習慣の確立と体力の向上
　　　　③ビジネスパーソン，女性，障がい者のスポーツ実施率の向上と，これまでスポーツに関
　　　　　わってこなかった人へのはたらきかけ
　(2) スポーツ環境の基礎となる「人材」と「場」の充実
　　　　①スポーツに関わる多様な人材の育成と活躍の場の確保
　　　　②総合型地域スポーツクラブの質的充実
　　　　③スポーツ施設やオープンスペース等のスポーツに親しむ場の確保
　　　　④大学スポーツの振興
2　スポーツを通じた活力があり絆の強い社会の実現
　(1) スポーツを通じた共生社会等の実現
　　　　①障がい者スポーツの振興等
　　　　②スポーツを通じた健康増進
　　　　③スポーツを通じた女性の活躍促進
　(2) スポーツを通じた経済・地域の活性化
　　　　①スポーツの成長産業化
　　　　②スポーツを通じた地域活性化
　(3) スポーツを通じた国際社会の調和ある発展への貢献
3　国際競技力の向上に向けた強力で持続可能な人材育成や環境整備
　　　　①中長期の強化戦略に基づく競技力強化を支援するシステムの確立
　　　　②次世代アスリートを発掘・育成する戦略的な体制等の構築
　　　　③スポーツ医・科学，技術開発，情報等による多面的で高度な支援の充実
　　　　④トップアスリート等のニーズに対応できる拠点の充実
4　クリーンでフェアなスポーツの推進によるスポーツの価値の向上
　　　　①コンプライアンスの徹底，スポーツ団体のガバナンスの強化及びスポーツ仲裁等の推進
　　　　②ドーピング防止活動の推進

出所）スポーツ庁［2017］

　このようにスポーツの政策領域は，健康・生活文化的な価値と社会経済的な価値に至るまで広範な公共政策の立案が可能であり，それゆえ自治体政策では，数多くの施策の中から地域特性を見極めて選択的に立案・実施していくことになろう．ただ自治体レベルの基本方針がないままでは立案のスタートラインには立てない．このことを明確にするために 2000 年のスポーツ振興基本計画以来，一貫して自治体には「地方スポーツ推進計画」（以下，地方計画）の策定を求めてきた．地方計画では，自治体の地域特性を生かした独自のスポーツ施策が，より具体的に明示される．たとえば，**図 5-4** は地方計画を策定済みの 312 市区町村が，どのようなスポーツ施策を立案・実施しているのか複数回答してもらっ

スポーツ実施率（週一回以上何らかのスポーツ活動を行った人の割合）について ── 254
子供の体力向上について ── 271
関係部局，団体，学校等の連携と役割について ── 246
障がい者スポーツ振興について（競技力向上以外） ── 230
障がい者スポーツの競技力向上 ── 40
学校体育の充実について ── 168
スポーツによる地域活性化について（スポーツ大会，合宿・キャンプ等の誘致，スポーツツーリズムなど） ── 232
スポーツ関連産業について ── 42
生涯スポーツの振興について ── 292
スポーツを通じた健康増進について ── 283
総合型地域スポーツクラブの育成・推進について ── 275
競技スポーツの推進について ── 245
高齢者を対象としたスポーツの推進について ── 249
若者を対象としたスポーツの推進について ── 177
スポーツ情報の収集と提供 ── 221
スポーツ関係団体の整備・充実 ── 241
指導者の育成について ── 276
審判の育成について ── 34
スポーツに関する顕彰制度の充実 ── 99
スポーツをする場の充実 ── 276
スポーツボランティアについて ── 171
プロスポーツの振興について ── 90
国際大会や全国トップレベルの大会の誘致 ── 137
スポーツを通じた国際交流について ── 64
その他 ── 21

図 5-4　地方スポーツ推進計画に含まれている項目（n = 312）
出所）政策研究所［2017：51］

た結果を示している．上位にランキングされる施策は，「生涯スポーツの振興について」（292 地域），「スポーツを通じた健康増進」（283 地域），「指導者の育成について」（276 地域），「スポーツをする場の充実について」（276 地域），「子供の体力向上について」（271 地域）の順である［政策研究所 2017：51］．この結果は，住民のスポーツ実践がもたらす健康・生活文化的価値の向上と，そのためのスポーツ環境の整備を図ることが施策の中核に位置づくことを物語っている．

　地方自治法第 1 条では，国は行政サービスのうち「住民に身近な行政はできる限り地方公共団体にゆだねる」と記されている．表 5-1，図 5-4 の結果からもわかるように「住民に身近な行政」としての自治体が，具体的なスポーツ施策に対して公共性があるかどうかを見極めながら選択的に立案していることは明らかである．しかしながら，住民に身近なスポーツ施策は，自治体だけが「公的である」と認定するわけにはいかない．地域のスポーツ組織や団体，

NPOなど住民に身近な人的資源と組織資源が自治体と連携協働しなければ，施策の公共性の認定から立案・実施には至らないと考えるべきである．すなわち，連携協働すべきスポーツの政策主体は，より住民に身近な地域スポーツの公共課題をキャッチできること，地方計画の立案段階では，スポーツのする・みる・ささえるの実践から施策を公共課題化し，解決策を検討できる地域に密着した政策主体を形成しておくことが必要ではないか［政策研究所 2017：51］．

3　地方創生とスポーツ政策

　自治体のスポーツ政策は，2014年からスタートした国家戦略「まち・ひと・しごと創生総合戦略」（以下，地方創生⁶⁾）の施策目標を達成するために2015年に新設されたスポーツ庁が，自治体向けスポーツ施策の推進役を果たすようになった．地方創生は，人口減少と東京一極集中を食い止めるため地方に産業と雇用を生み出す「しごと」を安定的に供給し，「ひと」の交流・定住人口を増やすことで，子育てと仕事を両立できる「まち」をつくる地域活性化戦略である．施策的にみても産業，雇用，教育，文化，医療，福祉まで広範な地域活性化策をカバーするもので，自治体は地方創生本部や各省庁が提示した多彩な政策パッケージから地域特性を見極めて施策化を図っていく［内閣府 2014：2019］．

　図5-5は地方創生の基本目標と横断的目標を簡略化して図示したもので，このうち自治体スポーツ政策は，基本目標4「ひとが集う，安心して暮らすことができる魅力的な地域をつくる」の「スポーツ・健康まちづくり」で示された個別目標を目指す．とくにスポーツのする・みる・ささえるの実践的価値が生み出すスポーツ・レガシーの可能性に言及し，〈ⅰ〉スポーツを活用した経済・社会の活性化，〈ⅱ〉スポーツを通じた健康増進・心身形成・病気予防に向けた取組の推進，〈ⅲ〉自然と身体を動かしてしまう「楽しいまち」への転換の3つの観点から施策の立案・実施が期待されている［内閣府，2019：79-87］．

　こうした施策を展開するためにスポーツ庁では，「スポーツによる地域活性化推進事業」⁷⁾を開始し，「運動・スポーツ習慣化促進事業」と「スポーツによるまちづくり・地域活性化活動支援事業」の推進役となる連携組織の設置を求めた．この連携組織が「地域スポーツコミッション」⁸⁾である．地域スポーツコミッションは自治体や総合型地域スポーツクラブ（以下，総合型クラブ），スポーツ競技団体や健康福祉系団体，大学やメディア，地元企業や商工団体，観光産業

【基本目標1】稼ぐ地域をつくるとともに，安心して働けるようにする
地域の特性に応じた，生産性が高く，稼ぐ地域の実現，安心して
働ける環境の実現

【基本目標2】地方とのつながりを築き，地方への新しいひとの流れをつくる
地方への移住・定着の推進，地方とのつながりの構築

【基本目標3】結婚・出産・子育ての希望をかなえる
結婚・出産・子育てしやすい環境の整備

【基本目標4】
ひとが集う，安心して暮らすことが
できる魅力的な地域をつくる

【横断的な目標1】多彩な人材の活躍を推進する
多様なひとびとの活躍による地方創生の推進，誰もが活
躍する地域社会の推進

【横断的な目標2】新しい時代の流れを力にする
地域における Society5.0 の推進，地方創生 SDGs などの
持続可能なまちづくり

スポーツ・健康まちづくり
i　スポーツを活用した経済の活性化
ii　スポーツを活用した社会の活性化
iii　生活の中にスポーツが取り込まれている
　　「スポーツ・イン・ライフ」の実現
iv　年齢，性別及び障害の有無にかかわらず
　　誰もがスポーツに親しめる環境整備
v　健康増進・病気予防に向けた（新たな）
　　取組の展開
vi　自然と体を動かしてしまう「楽しいまち」
　　への転換
vii　マインドチェンジとキャパシティビル
　　ディング
viii　スポーツ・健康まちづくりを推進する人
　　材・組織の再構築及び連携の強化

図 5-5　地方創生におけるスポーツ政策

出所）内閣府［2019］より筆者作成．

や金融機関など地域活性化を目的に連携する事業実施型組織である．

　たとえば，地方創生の〈 i 〉スポーツを活用した経済・社会の活性化の施策では，地域スポーツコミッションが地域への交流人口を増やす合宿型・体験型・観戦型のスポーツツーリズムの実施主体となっている．**図 5-6** は，スポーツを核にした地域活性化を目指す自治体の一部を日本地図上に紹介したものである．この中には世界中のサイクリストが聖地と呼ぶ瀬戸内しまなみ海道を活用したアウトドアツーリズムや沖縄空手振興ビジョンを策定し，沖縄空手国際大会の開催によって空手道発祥の地，沖縄の地域ブランディングに成功した武道ツーリズムが含まれる［竹内 2020：6-19］．

　またスポーツ庁は，地方創生の〈 ii 〉スポーツを通じた健康増進・心身形成・病気予防に向けた取組の推進と〈iii〉自然と身体を動かしてしまう「楽しいまち」への転換の基本指針となる「スポーツ推進アクションガイド」と「スポーツ実施率向上のための行動計画」を策定した［スポーツ庁 2018a；2018b］．この指針に沿って，とりわけ運動・スポーツの習慣化をサポートする施設整備と活動プログラムの提供，人材育成など，さまざまな事業を地域スポーツコミッションが実施主体となって立案・実施することを期待している[9]．

図 5-6　スポーツを核にした地域活性化を目指す自治体の例

出所）竹内［2019］

4 ▶ スポーツ政策における市民参加

　前節までに論じたスポーツ政策領域とその公共性からもわかるように，自治体のスポーツ政策の立案・実施プロセスにふさわしい政策主体は自治体だけではないことは明らかだ．立案・実施には広範な施策パッケージから地域特性を見極めた上で地域のさまざまな人的資源と組織資源が連携協働しなければならない．その意味では，地域スポーツコミッションは，事業実施型組織の性格が強いとはいえ政策主体としても十分な条件を有しているのではないか．また，NPO 型の総合型クラブも政策主体になり得る可能性を有しているとみてもよい．しかしながら，地域スポーツコミッションも総合型クラブも自治体の施策を受

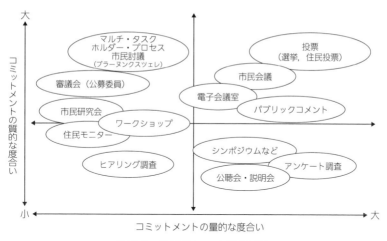

図 5-7　住民参加の多様な手法

出所）大杉［2008：97］より筆者作成.

託する事業実施型組織として対象化され，自治体と地域スポーツコミッションの関係が上下・主従関係になってしまう事例も少なくない．政策主体は，自治体と水平・対等関係であることが望ましいのだ.

　こうした関係を築く契機となる市民参加手法が地域課題をテーマ化した「地域円卓会議」と言われる対話空間の創出である［社会的責任に関する円卓会議 2012］.地域課題の現状に詳しく（マルチ），その解決策（タスク）にも取り組む多様な個人と団体が集い（ホルダー），情報を共有し意見を自由に交換し合える円卓会議の対話プロセスはマルチ・タスクホルダー・プロセスとも言われる．さらに，この対話空間は，公共的な意見の自由な流通を発展させて政策の「現状に対案を提起する」（傍点ママ）こと，すなわち政治的公共圏［Habermas 1990: 邦訳 xxxvii］として政策立案にも参加し得る可能性を持っている．地方分権を目指す自治体スポーツ政策では，マルチ・タスクホルダー・プロセスを政策主体形成の基盤に位置づける発想が必要だ．たとえば，一般社団法人日本スポーツ協会が全国展開してきた総合型クラブマネージャーによる「ブロック別ネットワークアクション」という研修交流型事業は，マルチ・タスクホルダー・プロセスへ発展できるような仕掛けが必要であろう［水上 2020a］．また地域のスポーツ統括組織や団体は自組織の外に目を向けて，スポーツを通じた地域活性化を目的とする対話（熟議）空間の創出を主要事業にしなければならない［水上 2020b］.

図 5-7 は，縦軸に「住民が参加したときにどの程度深く関与することが可能であるかというコミットメントの質的な度合い」と横軸に「どの程度の範囲・機会を住民に提供できるのかというコミットメントの量的な度合い」から想定される住民参加の多様な手法を図示したものである［大杉 2008：97］．マルチ・タスクホルダー・プロセスは，図中の市民討議（プラーヌンクスツェレ）[10]に当てはまるであろう．注意しなければならないのは，実際の政策立案では図中の複数の参加手法が組み合わさっていることを見落としてはならないことだ．その組み合わせは政策の主たる立案テーマは何か，また政策立案にふさわしい市民は誰かによって多様であることは言うまでもない．

　最後に，マルチ・タスクホルダー・プロセスを生み出す公共圏とは，社会生活における不安や危機を感知し，警鐘を鳴らす「警報システム」でもあると同時に，半歩先の社会像を描く社会空間でもある［Habermas 1992: 邦訳 89–93］[11]．自治体スポーツ政策が，市民参加型の政策主体による立案・実施の可能性を問い続けることは，地域スポーツにおける潜在的な課題に警報を鳴らし，スポーツの公共政策の行方をも問う意義を有するのではないか．

注 》》》

1) 「自治体」は市民が自治を担う団体を意味する言葉であるのに対して，「地方公共団体」は国家が統治する地方行政区域に位置づく団体であり憲法・法令上の言葉として使用される．

2) 1999（平成 11）年 7 月 8 日に成立した「地方分権の推進を図るための関係法律の整備等に関する法律」．国から地方への機関委任事務制度を全面廃止するなど 475 の関連法を一括改正した．

3) スポーツ振興法第 4 条（計画の策定）の規定に基づいて策定された 2001 年度から2011 年度まで概ね 10 年間の基本計画である．

4) 今井は，市民参加を国の統治機構を改革させ自治体政策のイメージを転換する規範言語として位置づける．本章でもこの立場をとり，市民参加は自治体スポーツ政策のイメージ転換に必要なプロモーション言語として位置づけた．

5) 地方自治における市民主権の基本原則などを条例として定めるもので，その名称は自治基本条例やまちづくり条例などさまざまである．詳細は「地方自治ことばの基礎知識」［兼子 2010：5-9］を参照されたい．

6) 総合戦略は 2015 年から 2024 年の 10 年間．自治体は，産業や雇用，教育や福祉まで幅広い公的サービスをカバーしたフェーズごとの「地方版総合戦略」を策定し，併せて人口減少と人口移動を食い止めるための中長期的な「地方人口ビジョン」も策定しなければならない．

7) 地方スポーツ振興費補助金交付要綱に基づく補助金事業である．中学校・高等学校ス
   ポーツ活動振興事業，国民体育大会開催事業，全国障害者スポーツ大会開催事業，ス
   ポーツによる地域活性化推進事業の4事業に交付される．
8) 2019年10月時点の地域スポーツコミッションは全国で118団体である．
9) 「スポーツ実施率向上のための行動計画」では，具体的取組に際して「政府はもちろ
   んのこと，地方自治体，産業界等を含む様々な主体が分野を超えて連携して，点から
   面の活動として取り組んでいく必要」があると述べるように実施主体を考慮すること
   に言及している．
10) ペーター・C. ディーネルが1970年代に考案したドイツの市民参加手法である．詳細
    は「まちづくりと新しい市民参加――ドイツのプラーヌンクスツェレの手法――」
    ［篠藤 2008］を参照されたい．東京都三鷹市では市民参加の手法を取り入れても関心
    の高い一部の市民の参加になってしまうため，市民を「無作為抽出で幅広く」人選し，
    正確な民意の把握をめざしている（「無作為抽出で幅広く，三鷹市正確な民意把握め
    ざす」『日本経済新聞』，2006年3月14日，朝刊）．
11) ハーバーマスが提唱する「警報システム」とは，社会全体の「問題を知覚し同定する
    だけではなく，説得力がありかつ影響力をもちうるかたちで主題化し，論議の対象と
    して提示し，議会によって取り上げられ処理されるよう，練りあげなければならな
    い」ものである［Habermas 1992: 邦訳89］．

参考文献 》》》
〈邦文献〉
一般財団法人地方自治研究機構［2018］「市区町村の地方分権一括法への対応に関する調
　　査研究」．
今井照［2004］「自治体政策の改革と多様な政策主体の登場」，今井照編『自治体改革第3
　　巻　自治体政策のイノベーション』ぎょうせい．
―――［2017］『図解よくわかる地方自治のしくみ　第5次改訂版』学陽書房．
「NPO法人公共政策研究所　全国の自治基本条例一覧」（http://koukyou-seisaku.com/
　　policy3.html/, 2020年8月7日閲覧）．
大杉覚［2008］「地方分権の推進――地域発自治創造への挑戦――」，大森彌ほか編『実践
　　まちづくり読本――自立の心・協働の仕掛け――』公職研．
兼子仁［2010］『地方自治ことばの基礎知識――キーワードを通して地域主権を考える
　　――』ぎょうせい．
政策研究所［2017］「地方スポーツ行政に関する調査研究報告書」．
篠藤明徳［2006］『まちづくりと新しい市民参加――ドイツのプラーヌンクスツェレの手
　　法――』イマジン出版．
社会的責任に関する円卓会議「持続可能な地域づくり」プロジェクトチーム有志［2012］
　　『多様な課題に，対話と協働で挑む『地域円卓会議』のススメ』IIHOE［人と組織と地
　　球のための国際研究所］．

スポーツ庁［2017］『第2期スポーツ計画』.

――――［2018a］『スポーツ推進アクションガイド――Enjoy Sport, Enjoy Life――』.

――――［2018b］『スポーツ実施率向上のための行動計画 ――「スポーツ・イン・ライフ」を目指して――』.

竹内太郎［2019］「スポーツツーリズム，地域で育む――五輪やW杯にらみ国内外の顧客誘致へ――」『日経グローカル』2019年2月4日号.

内閣府［2014］『まち・ひと・しごと創生総合戦略』.

――――［2019］『第2期まち・ひと・しごと創生総合戦略』.

宮沢洋・江村英哲［2016］「無関心層を川上で巻き込め！――「声なき声」を拾う新たな役割にニーズあり――」『日経アーキテクチュア』2016年2月25日号.

水上博司［2020a］「地域スポーツの行方――地域のスポーツプロモーションはどのような人々が担うのか――」，日本スポーツ社会学会編集企画委員会編『2020東京オリンピック・パラリンピックを社会学する――日本のスポーツ文化は変わるのか――』創文企画.

――――［2020b］「語らいと熟議がもたらす「つながり」――これからのミーティング空間に求められるのはどのようなコミュニケーションか――」，水上博司ほか編『スポーツクラブの社会学――『「コートの外」より愛をこめ』の射程――』青弓社.

文部科学省［2000］『スポーツ振興基本計画』.

――――［2012］『スポーツ基本計画』.

山口道昭［2011］「市民参加の政策法務」，北村喜宣・山口道昭・出石稔編『自治体政策法務――地域特性に適合した法環境の創造――』有斐閣.

〈欧文献〉

Habermas, J.［1990］*Strukturwandel der Öffentlichkeit: Untersuchungen zu einer Kategorie der bürgerlichen Gesellschaft*, Frankfurt am Main: Suhrkamp（細谷貞雄・山田正行訳『[第2版] 公共性の構造転換――市民社会の一カテゴリーについての探求――』未來社，1994年）.

――――［1992］*Faktizität und Geltung: Beiträge zur Diskurstheorie des Rechts und des demokratischen Rechtsstaats*, Frankfurt am Main: Suhrkamp（河上倫逸・耳野健二訳『事実性と妥当性――法と民主的法治国家の討議理論にかんする研究――下』未來社，2008年）.

松畑尚子

第**6**章　健康福祉政策におけるスポーツ

はじめに

　日本は現在，男女ともに平均寿命で世界最高水準を示している．しかし今後，どの国も経験したことのない超高齢社会を迎え，今や生活の質（QOL）により多くの関心が寄せられるようになってきた．こうした中，一人ひとりが心豊かに生き生きと過ごせるようにしていくためには，単に長寿であるだけでなく，「いかに健康で過ごすことのできる期間を長く保つか」，すなわち健康寿命の延伸と，それによる健康長寿社会の実現が重要課題の１つといえる．また，できるだけ健康な状態で過ごすことによって，結果的に医療・介護費用の増加を少しでも減らすことができれば，国民負担の軽減につながるとともに，社会保障の持続可能性も高まることとなり，個人にとっても国家にとっても望ましいことと考えられている［厚労省 2014：2］．さらに，都市化や経済発展の傍で格差社会の拡大，またそれに伴う健康格差（地域や社会経済状況の違いによる集団間の健康状態の差）も看過できない問題となっている［葛西・森下 2019：1119］．

　健康の定義は，1946 年の WHO 憲章前文で掲げられたものが広く一般に知られている．すなわち，「Health is a state of complete physical, mental and social well - being and not merely the absence of disease or infirmity（健康とは，肉体的，精神的及び社会的に完全に良好な状態であり，単に疾病又は病弱の存在しないことではない）」である．この定義は，健康の身体的な側面だけでなく精神的・社会的側面にも着目している点が重要であり，現代の健康観を考える基盤となっている．そして，この定義から出発した健康増進（ヘルスプロモーション）の考え方が，WHO によって 1986 年オタワ憲章で提唱され，2005 年バンコク憲章で健康の社会的決定要因（SDH：Social Determinants of Health）を意識して「Health promotion is the process of enabling people to increase control over their health and its determinants, and thereby improve their health（ヘルスプロモーションとは，人々が自らの健康とその決定要因をコントロールし，改善することができるようにするプロセスである）」と定義された［鳥内・鈴木 2019：1125］[1]．

　そこで本章では，健康長寿，健康増進を目指す様々な政策においてスポーツ

がどのような取り上げ方をされているのかを概観する．また，障害者スポーツ
や福祉目的でスポーツを活用している取り組みについても検討する．

　日本における健康増進や障害者のスポーツは，主として厚生労働省（以下，厚
労省）がその任を担ってきた．厚労省は，厚生労働省設置法に基づき，社会福祉，
社会保障及び公衆衛生の向上及び増進並びに労働条件その他の労働者の働く環
境の整備及び職業の確保を図ることを任務としている（第3条）．その具体的施
策として，国民の健康の増進及び栄養の改善並びに生活習慣病に関すること
（第4条第17項），障害者の福祉の増進に関すること（第4条87項），障害者の保健
の向上に関すること（第4条88項）等が定められている．

1　健康政策におけるスポーツ

　広義の健康政策は，「保健・医療上の問題を直接対象とした政策のみでなく
環境政策など健康に関わる多様な公私の判断を含み，医療サービスの供給や公
的扶助，健康増進・疾病予防，労働衛生，環境保護，さらに医療に関わる科学
研究・技術開発や関連産業政策など種々の社会活動と関連する」［佐藤 2001：
561］とされるが，本節では，その中でも特に健康増進・疾病予防の部分に力点
を置き，これまで厚労省が行ってきた決定や行動の指針に基づいて検討する．

（1）　健康増進に関わる主要な法
　日本国憲法第25条では，健康がすべての国民の権利として保障され，国家
にはそれを守る義務があることが定められている．また，健康に係る主たる法
律として，健康増進法があげられる．2002年に制定された健康増進法は，後述
する2000年に策定された健康日本21を中核とする国民の健康づくりや疾病予
防を積極的に推進するための法的基盤整備を図るものであり，健康増進に努め
ることを国民の責務とした「わが国における初めての健康づくりのための法
律」［下光・高宮 2004：1225］である．健康増進法は，栄養改善法（2003年廃止）の
内容も引き継ぎながら，生活習慣病を防ぐための栄養改善という視点だけでな
く，休養，飲酒，喫煙，歯の健康の保持及び運動などの生活習慣の改善を通じ
た健康増進の概念を取り入れている［厚生労働統計協会 2020：97］．

（2） 健康増進施策におけるスポーツの位置づけ

1. 健康増進施策の始まり

日本においては，第2次世界大戦後から栄養改善のための施策が行われたが，疾病の予防や治療対策にとどまらず積極的な健康増進を図るための施策が講じられたのは，1964年に開催されたオリンピック・パラリンピック東京大会を契機としている［厚生労働統計協会 2020：95］．政府は，国民の健康が労働の生産性を高め，経済発展の原動力を培うとともに国際社会における日本の躍進の礎を築くとして，健康増進・体力増強の積極的な実践活動にいそしめるような環境的諸条件の整備を図るため，東京大会の終了直後の同年12月に「国民の健康・体力増強対策について」を閣議決定した．これが，政府による「体力つくり国民運動」の開始である［体力つくり国民会議事務局・総務省青少年対策本部編 1990：41］．この閣議決定により，体育・スポーツ・レクリエーションの普及が保健・栄養の改善と強固な精神力（根性）の養育と並んで重点的に推進され，趣旨の普及・徹底と実践的効果を高めるための広範な国民運動の推進が提唱された[2]．

第2次世界大戦以降，国民の健康水準は乳児死亡率等の改善や栄養摂取量の増加等により著しく向上した．しかしその一方，高度経済成長の中で都市化や高齢化が進み，健康に影響を与える要因が複雑かつ多様化した．また運動不足や栄養の偏りから，高血圧や肥満を招き，脳卒中，がん，心臓病などの成人病（現：生活習慣病）が増加するなど，疾病構造に変化が生じてきた［厚労省 2014：15-18］．

そのため厚生省は1970年代以降，健康づくりにあたっては国民一人ひとりが「自分の健康は自分で守る」という自覚と認識を持つことが重要であるという考え方に立ち，健康の維持増進策として，今日に至る「国民健康づくり対策」を積極的に推進するようになる［厚労省 2014：21］．それが「第1次国民健康づくり対策」（1978）であり，続く「第2次国民健康づくり対策（アクティブ80ヘルスプラン）」（1988），「21世紀における国民健康づくり運動」（2000）（以下，健康日本21）及び「21世紀における第二次国民健康づくり運動」（2013）（以下，健康日本21（第二次））まで，計4回にわたる「国民健康づくり対策」が打ち出されている（表6-1）．

まず，1978年から開始された「第1次国民健康づくり対策」は，健康増進の

表 6-1　健康増進施策の変遷

1964 年	「国民の健康・体力増強対策について」（閣議決定）
1978 年	第 1 次国民健康づくり対策（1978〜1988 年度） 【基本的考え方】 ① 生涯を通じる健康づくりの推進（成人病予防のための 1 次予防の推進） ② 健康づくりの 3 要素（栄養，運動，休養）の健康増進事業の推進（栄養に重点）
1988 年	第 2 次国民健康づくり対策：アクティブ 80 ヘルスプラン（1988〜1999 年度） 【基本的考え方】 ① 生涯を通じる健康づくりの推進 ② 栄養，運動，休養のうち遅れていた運動習慣の普及に重点を置いた，健康増進事業の推進 【運動関連の指針等】 ・健康づくりのための運動所要量（1989） ・健康づくりのための運動指針（1993） ・年齢対象別身体活動指針（1997）
2000 年	第 3 次国民健康づくり対策：21 世紀における国民健康づくり運動（健康日本 21）（2000〜2012 年度） 【基本的考え方】 ① 生涯を通じる健康づくりの推進（「一次予防」の重視と健康寿命の延伸，生活の質の向上） ② 国民の保健医療水準の指標となる具体的目標の設定及び評価に基づく健康増進事業の推進 ③ 個人の健康づくりを支援する社会環境づくり 【運動関連の指針等】 ・健康づくりのための運動基準 2006（2006） ・健康づくりのための運動指針 2006（エクササイズガイド 2006）（2006）
2002 年	健康増進法
2004 年	健康フロンティア戦略
2007 年	新健康フロンティア戦略
2013 年	第 4 次国民健康づくり対策：21 世紀における第二次国民健康づくり運動（健康日本（第二次）（2013〜2022 年度） 【基本的考え方】 ① 健康寿命の延伸・健康格差の縮小 ② 生涯を通じる健康づくりの推進（生活習慣病の発症予防・重症化予防，社会生活機能の維持・向上，社会環境の整備） ③ 生活習慣病の改善とともに社会環境の改善 ④ 国民の保健医療水準の指標となる具体的な数値目標の設定及び評価に基づく健康増進事業の推進 【身体活動関連の指針等】 ・健康づくりのための身体活動基準 2013（2013） ・健康づくりのための身体活動指針（アクティブガイド）（2013）

出所）厚労省［2014］及び厚生労働統計協会［2020］より筆者作成．

主要な要素として栄養・運動・休養の 3 本柱を提示したが，健康診断の実施による疾病の早期発見・早期治療を重視した 2 次予防中心の政策であった．次に，1988 年から開始された「第 2 次国民健康づくり対策（アクティブ 80 ヘルスプラン）」は，80 歳になっても身の回りのことができ，社会参加も出来るようにするという趣旨に基づき，2 次予防から疾病の発生予防，健康増進という 1 次予防へと重点がうつされ，遅れていた運動面からの健康づくりが推進された．厚生省は同年から，高齢者を中心とする国民の健康の保持・増進，社会参加，生きがいの高揚等を図り，ふれあいと活力のある長寿社会の形成に寄与することを目的として，全国健康福祉祭（ねんりんピック）を開催している．

　そして，1996 年に厚生省公衆衛生審議会は，加齢という要素に着目した「成人病」から，新たに生活習慣という要素に着目して捉えなおした「生活習慣病（食習慣，運動習慣，休養，喫煙，飲酒等の生活習慣が，その発症・進行に関与する疾患群）」という概念を導入し，生活習慣の改善により疾病の発症・進行が予防できるという認識を国民に醸成することで個人の行動変容を促すようになる［厚労省 2014：24-25］．

2. 健康増進施策の本格化

　2000 年から開始された「健康日本 21」では，健康寿命の延伸や QOL の向上等を実現することを目的とし，生活習慣病やその原因となる生活習慣の改善等に関する 9 分野（① 栄養・食生活，② 身体活動・運動，③ 休養・こころの健康づくり[3]，④ たばこ，⑤ アルコール，⑥ 歯の健康，⑦ 糖尿病，⑧ 循環器病，⑨ がん）について，それぞれの取り組みの方向性と，2010 年度を目途とした具体的な数値目標が示された．「健康日本 21」は，アメリカの健康政策である「Healthy People 2000」を参考にした個人の生活習慣病の改善を重視したものとなっており［鳥内・鈴木 2019：1126］，健康づくりを支援する環境整備などについては深く検討がなされなかった．

　同時期には，厚労省にとどまらず政府主導の施策として，自民・公明与党幹事長・政調会長会議が健康寿命を 2 年程度伸ばすことを目標に掲げた「健康フロンティア戦略」（2005〜2014 年度）や，内閣官房長官主宰の「新健康フロンティア戦略賢人会議」による「新健康フロンティア戦略」（2007〜2016 年度）等が打ち出されている．また，2013 年に閣議決定された「日本再興戦略」等においても「国民の健康寿命が延伸する社会」が目指されている．

そのような中で，2013年に開始された「健康日本21（第二次）」では，その目標に健康寿命の延伸と新たに健康格差の縮小が加わり，6分野（栄養・食生活，身体活動・運動，休養，飲酒，喫煙及び歯・口腔の健康等）においても目標値が設定された．特に「身体活動・運動」は，生活習慣病の予防のほか，社会生活機能の維持及び向上並びにQOLの向上の観点から重要であるとされ，「健康日本21」で悪化した「日常生活における歩数の増加」（目標値：20〜64歳の男性9000歩，女性8500歩，65歳以上の男性7000歩，女性6000歩）と改善されなかった「運動習慣者の割合の増加」（目標値：20〜64歳の男性36%，女性33%，65歳以上の男性58%，女性48%）に絞り込んだ目標値の設定が成人及び高齢者に分けて設定された．また，「身体活動・運動」における「歩数」は特に重要な指標とされ，それを増加させたり，運動習慣を獲得するためには環境要因が重要との認識から，新しい目標として「住民が運動しやすいまちづくり・環境整備に取り組む自治体数の増加」（目標値：47都道府県）が掲げられている［澤田 2019：1088］（表6-2）．このように，「健康日本21（第二次）」は，個人の生活習慣の改善だけでなく，健康を支援する社会環境の改善にも着目していることが見て取れる．また近年，「身体活動・運動」の分野では「座位行動」という新たな課題も浮上している．多くの場合，座位行動とは座って行われる多くの行動で，健康を維持するためには，身体を動かすだけでなく座りすぎを避けることが重要であると考えられるよう

表6-2 健康日本21（第二次）：「身体活動・運動」の中間評価実績値及び目標値

項目	対象	ベースライン値	中間実績値	目標値
日常生活における歩数の増加	男性（20〜64歳）	7,841歩	7,769歩	9,000歩
	女性（20〜64歳）	6,833歩	6,770歩	8,500歩
	男性（65歳以上）	5,628歩	5,744歩	7,000歩
	女性（65歳以上）	4,584歩	4,856歩	6,000歩
運動習慣者の割合の増加（運動習慣者：1回30分以上の運動を，週2回以上実施し，1年以上継続している人）	男性（20〜64歳）	26.3%	23.9%	36%
	女性（20〜64歳）	22.9%	19.0%	33%
	男性（65歳以上）	47.6%	46.5%	58%
	女性（65歳以上）	37.6%	38.0%	48%
住民が運動しやすいまちづくり・環境整備に取り組む自治体数の増加	都道府県	17都道府県	29都道府県	47都道府県

出所）「健康日本21（第二次）」中間評価報告書より筆者作成．

になっている［澤田 2019：1091-1092］.

　これらの目標を踏まえて，2013 年に「健康づくりのための身体活動基準 2013」及び「健康づくりのための身体活動指針（アクティブガイド）」が策定された. 「健康づくりのための身体活動基準 2013」においては，身体活動（生活活動及び運動）全体に着目することの重要性から，これまでの「運動基準」から「身体活動基準」に名称が改められている. なお，個人にとって達成することが望ましい身体活動の基準は，18〜64 歳においては「強度が 3 メッツ（Mets）以上の身体活動を 23 メッツ・時／週行う」というものであるが，この基準を理解しやすいよう「歩行又はそれと同等以上の強度の身体活動を毎日 60 分行う」と表現している. また，18〜64 歳の運動の基準は，「強度が 3 メッツ以上の運動を 4 メッツ・時／週行う」を「息が弾み汗をかく程度の運動を毎週 60 分行う」としている. さらに 65 歳以上の身体活動の基準については，「強度を問わず，身体活動を 10 メッツ・時／週行う」を「横になったままでや座ったままにならなければどのような動きでもよいので，身体活動を毎日 40 分行う」としている. このような日常の身体活動量の増加によって，メタボリックシンドロームを含めた循環器疾患・糖尿病・がんといった生活習慣病の発症及びこれらを原因として死亡に至るリスクや，加齢に伴う生活機能低下（ロコモティブシンドローム及び認知症等）をきたすリスクを下げることができることが示されている.

3. 今後の展望

　日本の健康増進施策は，例えば「健康日本 21（第二次）」の基本的な方針の中で示されているように，全ての国民が共に支えあいながら希望や生きがいを持ち，健やかで心豊かに生活できる活力ある社会を実現し，その結果，社会保障制度が持続可能なものとなるよう，国民の健康増進が図られてきたといえる. そして，数回にわたる「国民健康づくり対策」においては，具体的に細分化された生活習慣上の危険因子が複合的に作用して生活習慣病につながるという考え方に基づき，一予防手段として身体活動や運動の増加が目指されてきたといえる. また，厚労省の健康増進施策においては，「身体活動」，「運動」，「生活活動」という用語が用いられており，「スポーツ」という用語はほぼ用いられていない. これは，運動のみならず，労働，家事，通勤・通学などの日常生活における身体活動が重視されていることの表れといえるが，そのような個々人の身体的な活動量だけでなく，社会とのつながりや交流といったスポーツの文化

的要素も活用して政策をさらに発展させていくことにより，健康の精神的・社会的側面へも貢献できるのではないかと考える[5]．

2　障害者福祉政策におけるスポーツ

　障害者のスポーツ活動の実施状況は，健常者のそれと比較して低い状況にある．2019年度の調査では，年1回以上のスポーツ実施率は，成人の障害者が39.9％，健常者が79.4％であり，週1回以上のスポーツ実施率は，成人の障害者が25.3％，健常者が53.6％となっている[6]．障害者スポーツの更なる推進が求められているといえるが，従前，障害者のスポーツは厚労省，健常者のスポーツは文部科学省（以下，文科省）が担当してきた．そこで本節は，厚労省を中心とした障害者福祉政策においてスポーツがどのような取り上げ方をされてきたのかについて概観する．

（1）障害者に関わる主要な法
　障害者に関わる法令は，障害者施策の多様な分野（社会福祉，医療保健，教育保障，雇用保障，所得保障，権利擁護（差別解消・虐待防止）等）に対応して数多く存在しているが［佐藤・小澤 2019：152-156］，障害者施策の基本となる事項を定めている障害者基本法では，「障害者」を「身体障害，知的障害，精神障害（発達障害を含む．）その他の心身の機能の障害がある者であつて，障害及び社会的障壁により継続的に日常生活又は社会生活に相当な制限を受ける状態にあるもの」と定義し（第2条），「文化的諸条件の整備等」において，国及び地方公共団体の責務として「障害者が円滑に文化芸術活動，スポーツ又はレクリエーションを行うことができるようにするため，施設，設備その他の諸条件の整備，文化芸術，スポーツ等に関する活動の助成その他必要な施策を講じなければならない」としている（第25条）．また，身体障害者福祉法では，その第21条で，地方公共団体に，身体障害者のスポーツ活動への参加等，社会参加を促進する事業の実施を求めている．

（2）障害者福祉施策におけるスポーツの位置づけ
1．リハビリテーションの一環としての導入
　日本で障害者のスポーツが積極的に推進される契機は，1964年に開催され

た東京パラリンピックといわれている．同時期の 1963 年に厚生省は「障がい者のスポーツに関する最初の福祉政策」[島田 2014：73]である「身体障害者スポーツの振興について（通知）」を発出した．本通知は，身体障害者のスポーツ振興の基本方針として，体力の維持，増強，残存能力の向上及び心理的更生等の効果を図り，身体障害者の更生援護に資することを目的とし，そのために関係機関との協力，身体障害者スポーツ行事の実施及び奨励，指導者の育成，施設の利用及び事故の防止などの対策の充実強化を求めた．また，同年度において「身体障害者体育大会実施要綱」に準拠して都道府県や指令都市で開催される大会の運営費に対し，予算補助が行われることとなった．この身体障害者体育大会は，身体障害者の医学的，心理的更生効果の促進を図ることを趣旨とし，運動競技を通じ，体力の維持，増強及び残存能力の向上を図るとともに，明朗，快活かつ積極的な性格と協働精神を養い，身体障害者に対して明るい生活の形成に寄与することを目的として行われるものである．この通知により，ほとんどの都道府県が同年より県大会を実施するようになった[日本障がい者スポーツ協会 2020：8]．

　そして 1964 年の東京パラリンピックの開催に際する「国際身体障害者スポーツ大会の開催について（通知[7]）」では，政府は大会開催が，選手には精神的ないし身体的な更生を促進し，一般国民には身体障害者に係る関心と理解を高める等，日本における身体障害者のリハビリテーションに大きく寄与するのみでなく，リハビリテーションに占めるスポーツの重要性に係る諸問題の国際的な情報や経験の交換を盛んにするとともに，身体障害者の福祉の分野における各国所在の諸機関及び団体間の協力を促進し，あわせて一般的な国際間の親善にも寄与するとして，身体障害者の「リハビリテーションの促進」と「国際親善」という 2 つの主な目的を示している[田中 2013：17]．

　また，1965 年には日本身体障害者スポーツ協会（現：日本障がい者スポーツ協会）が厚生省の認可を受けて設立され，同年，厚生省は「全国身体障害者スポーツ大会について（通知）」を発出した．前年 1964 年に開催された国際身体障害者スポーツ大会（東京パラリンピック）が，日本における身体障害者の更生擁護に大きく寄与したことを踏まえ，身体障害者福祉施策の一環として今後より一層，身体障害者のスポーツの振興を積極的に推進することとし，その具体的方策として 1965 年度より全国身体障害者スポーツ大会を開催することが決定された．また，厚生省は大会開催を契機に，「身体障害者スポーツ指導者講習会」

を日本身体障害者スポーツ協会に委託し，1966年から開催している［日本障がい者スポーツ協会 2020：32］.

　同時期には，身体障害者福祉法の改正等について調査審議する身体障害者福祉審議会の『「身体障害者福祉法の改正その他身体障害者福祉行政推進のための総合的方策」について（答申）』(1966) や，政府が設けた有識者等による中央心身障害者対策協議会の「総合的な心身障害者対策の推進について（提言）」(1972) が提出され，その中で居宅の身体障害者や心身障害者の自立更生と社会復帰の促進を図るため，障害の種類・程度等に応じたスポーツ種目や競技方法等の確立のための研究，スポーツ・レクリエーション活動を行うために利用する体育館等施設への配慮について，国や地方公共団体等が積極的に必要な措置を講ずる必要性が指摘されている.

2. 地域社会における日常生活でのスポーツの振興

　国連が定めた1981年の「国際障害者年」を契機として，日本の障害者施策は，さらにその推進が図られることとなる. 1982年，内閣総理大臣を本部長とした国際障害者年推進本部は，「国連・障害者の十年」の国内行動計画として，障害者施策に関する初めての長期計画である「障害者対策に関する長期計画」を策定した. その中で，障害者のスポーツ，レクリエーション等の諸活動への参加のための諸条件を整備することが「生活環境改善」のために必要であるとされ，さらに「国連・障害者の十年」の中間年である1987年には，障害者対策推進本部において，『「障害者対策に関する長期計画」後期重点施策』が策定された. そこでは，「スポーツ，レクリエーション及び文化施策の推進」が課題別施策の1つに挙げられ，障害者が他の市民と同様に，スポーツ，レクリエーション及び文化に関する諸活動に参加する機会を確保することが必要であるとされた. この時期から，障害者のスポーツが障害者施策の中で独立した一つの重点領域として取り扱われ，障害のある人もない人も互いに支え合い地域で生き生きと明るく豊かに暮らしていける社会を目指すノーマライゼーションの理念のもとに推進されるようになる.

　1993年には，上記長期計画の後継計画として「障害者対策に関する新長期計画（第1次）」(1993〜2007年度)（以下，第1次計画）が策定された[8]. 本計画及び後述する障害者基本計画は，障害者の活動を制限し社会への参加を制約している社会的障壁を除去するため，地域社会での共生や差別の禁止を推進する政府全体

の取組を規定している．また，各府省が分野別施策を実施するにあたって求められる横断的視点も規定しており，内閣府が障害者政策の全体の企画立案を行い，障害者政策に関連する各省庁が障害者基本計画にある分野別施策を実施する体制となっている［北川 2018：22-25］．

　第1次計画では「スポーツ，レクリエーション及び文化」が分野別施策の1つに挙げられ，「スポーツ，レクリエーション及び文化活動への参加機会の確保は，障害者の社会参加の促進にとって重要であるだけでなく，啓発広報活動としても重要である．また，これらの活動は，障害者の生活を豊かにするものであり，積極的に振興を図ることが必要である．特に，スポーツについては，障害者の健康増進という視点からも有意義である」とした．そして，その振興に当たっては，施設の整備とその質的充実，指導員・審判員等の人材養成，啓発広報等とともに競技スポーツだけでなく，レクリエーションや交流を楽しめるようなスポーツを積極的に振興し，障害の種類を超えた連帯促進への配慮や障害を持たない者と共に参加する機会の確保に努めることに留意が必要とされた．

　1995年，障害者対策推進本部は，第1次計画を推進していくための重点施策実施計画として「障害者プラン」を策定した．本プランでは「生活の質（QOL）を目指して」という視点から，「障害者スポーツ，芸術・文化活動の振興等」の中で「長野パラリンピック冬季競技大会をはじめ，各種スポーツ大会の開催，スポーツ・レクリエーション教室の開催，スポーツのできる施設の整備等を通じた障害者スポーツの振興を図る」とされた．ここで，従来の「障害者のスポーツ」という表記から転じて，「障害者スポーツ[9]」としてその振興が強調されている［島田 2014：77］．

3. 競技スポーツとしての発展

　1998年3月に開催された長野パラリンピック大会は，従来リハビリテーションの延長として捉えられていた障害者のスポーツが競技スポーツの一部として位置づけられる契機となった大会といわれている．同年6月，厚生省事務次官による私的懇談会である障害者スポーツに関する懇談会は「障害者スポーツに関する懇談会報告」を公表した．長野パラリンピック大会が障害をもつ人にも，もたない人にも深い感動を与えたという盛り上がりを受けて「今後の障害者スポーツの方向性と，取り組むべき課題についてまとめた」ものが本報告で

ある．報告ではまず，「障害者スポーツの意義」として「(1) リハビリテーショ
ン（機能回復訓練）の手段として，(2) 健康増進や社会参加意欲を助長するもの
として，(3) 障害や障害者に対する国民の理解を促進するものとして」の3点
を挙げている．続く「今後の障害者スポーツの推進方策」は，「基本的な考え
方」と「具体的課題」から構成され，「基本的な考え方」においては，障害者も
障害のない人とともにスポーツをスポーツとして楽しむことのできるような環
境づくりや，競技スポーツに対する支援の必要性が示された．そして「具体的
課題」として，① 指導者の養成確保，② スポーツ大会への参加機会の確保，③
スポーツ施設の整備，④ スポーツ組織の育成，⑤ 選手強化，⑥ 知的障害者等
のスポーツの振興，⑦ 競技用具の研究開発・改良，⑧ 顕彰制度，⑨ 啓発及び
⑩ 厚生省と文部省の連携強化を挙げ，若干ではあるものの具体的言及がなさ
れたことが指摘できる［井上 2008：102］．

　また同年7月16日，厚生省は「全国障害者スポーツ大会について（通知）」に
おいて，障害者スポーツが障害者全体のスポーツとして楽しんだり競ったりす
るものとなってきたことから，これまで別々に実施してきた「全国身体障害者
スポーツ大会」と「全国知的障害者スポーツ大会（ゆうあいピック）」を2001年
度より統合して「全国障害者スポーツ大会」として実施することを決定した．

　さらに同年7月24日，厚生省は，『「障害者の明るいくらし」促進事業の実
施について（通知）』において，ノーマライゼーションの理念の実現に向けた障
害者の社会参加を総合的かつ効果的に推進するため，「スポーツ教室開催事業」，
「スポーツ大会開催事業」，「スポーツ指導員養成事業」，「レクリエーション教
室開催事業」等を基本事業として位置づけるとともに，前述の「全国障害者ス
ポーツ大会」を正式な事業として規定している．［井上 2008：104］

　そして，1999年には，日本身体障害者スポーツ協会は，身体障害，知的障害，
精神障害の三障害全てのスポーツ振興を統括する組織として日本障害者スポー
ツ協会（現：日本障がい者スポーツ協会）に改称し，内部組織として日本パラリン
ピック委員会を立ち上げた．

　2001年，厚労省は「障害者スポーツの振興について（通知）」において，障害
者スポーツが「リハビリテーションの延長という考えから，日常生活の中で楽
しむスポーツ，競技するスポーツへと広がってきた」として，身体障害者に限
定しない障害者全体のスポーツ振興，スポーツ大会等の計画的な開催，日本障
害者スポーツ協会等との連携強化等に関する必要性を指摘した．また，同年よ

り厚労省と文科省は，障害者スポーツをより発展的に振興していくために両省による「障害者スポーツ施策連絡協議会」を毎年開催し，障害者スポーツについての情報や意見交換を行う等の連携を図っていくとした［望月 2011：93］．

　続く 2002 年には「障害者基本計画（第2次）」（2003〜2012 年度）（以下，第2次計画）が閣議決定された．第2次計画は，その特色としてリハビリテーションやノーマライゼーションという従来の理念を継承した概念である「共生社会」[10]という理念を掲げている点にある［中野 2003］．そして，すべての障害者に対して豊かな地域生活の実現に向けた体制を確立するという基本方針を掲げる「生活支援」という分野別施策の中の一項目として「スポーツ，文化芸術活動の振興」が扱われ，障害者自身が多様なスポーツに親しみやすい環境を整備するという観点から，日本障害者スポーツ協会を中心とした障害者スポーツの振興や，身体障害者や知的障害者に比べて普及が遅れている精神障害者のスポーツの振興が示された．

4. スポーツ行政の一元化等による推進

　2010 年，障がい者制度改革推進会議は「障害者制度改革の推進のための第二次意見」をまとめ，「文化・スポーツ」について「障害の有無に関わらず，スポーツに参加する機会は平等に与えられるべきであり，障害者も障害のない人も共にスポーツを観戦したり，参加できるようにしなければならない」とし，厚労省と文科省に対して障害者スポーツの振興のための必要な措置を講ずること等についての検討を求めた．このような中で，2012 年度以降，文科省において障害者スポーツ関連の事業が行われるようになり，2014 年には文科省スポーツ・青少年局長及び厚労省社会・援護局障害保健福祉部長連名の「障害者スポーツに関する事業の移管について（通知）」がだされた．本通知では「障害者スポーツに関する施策を，福祉の観点に加え，スポーツ振興の観点からも一層推進していく必要性が高まっている」として，2014 年度よりスポーツ振興の観点から行う障害者スポーツに関する事業（全国障害者スポーツ大会開催事業，日本障害者スポーツ協会補助事業，競技力向上に関する事業等）が厚労省から文科省に移管され，スポーツ振興として一元化することとなった[11]．なお，障害者の社会参加やリハビリテーションの観点から行う事業（地方公共団体等が実施する障害者スポーツ大会や各種スポーツ・レクリエーション教室の開催等）については，引き続き厚労省が担当している．

2013 年には「障害者基本計画（第3次）」（2013〜2017 年度）（以下，第3次計画）が閣議決定された．第3次計画では，2011 年に改正された障害者基本法第1条の規定を踏まえ，基本理念として施設から地域へ，社会的入院から地域へとする目標の明確化と共生社会の実現を掲げ，障害者を自己決定に基づく社会活動に参加する主体として位置付けた．そして「教育，文化芸術活動・スポーツ等」が分野別施策の1つに挙げられ，障害の有無によって分け隔てられることなく，国民が相互に人格と個性を尊重し合う共生社会の実現に向けたスポーツを行うことができる環境づくりとして，障害者が地域においてスポーツに親しめる施設・設備の整備，障害者のニーズに応じたスポーツに関する人材の養成，第2次計画に引き続き精神障害者のスポーツの振興等が示されている.[12]

　そして，2018 年には「障害者基本計画（第4次）」（2018〜2022 年度）（以下，第4次計画）が閣議決定された．第4次計画では，第3次計画まで「教育，文化芸術活動・スポーツ等」の中の小項目の1つであった「文化芸術活動・スポーツ等の振興」を独立した施策分野として格上げし，引き続き障害者が地域においてスポーツに親しめる環境の整備を進めるとともに，レクリエーション活動にも再注目し，障害者等の体力の増強や交流，余暇の充実等を図るとした.[13] なお，第3次計画から計画の実効性を確保するため成果目標を設定し，第4次計画では計画を着実かつ効果的に実施していくため，全ての分野において成果目標を設定するとともに，成果目標数を大幅に充実させている（第3次は計45，第4次は計112）．スポーツに関連しては，スポーツに親しめる環境の整備という目標分野において，① 地域における障害者スポーツの普及状況及び② 障害者スポーツの指導者の養成状況について把握すべきとされ，①では障害者の週1回以上のスポーツ実施率（成人及び若年層），②では障害者スポーツの指導者数及び「活動する場がない」障害者スポーツ指導者の割合が指標として設定されている.[14]

5. 今後の展望

　障害者福祉政策におけるスポーツは，まず医学的，心理的更生効果への着目により，リハビリテーションの一環として導入されたといえる．そして，その対象を身体障害者から知的障害者や精神障害者を含むすべての障害者に拡げながら，障害者の健康増進，余暇の充実，自立や社会参加の促進といった生活の質（QOL）を向上させることを目的に，大会や教室の開催，指導者の育成，施設

のバリアフリー化等，環境整備が図られてきた．さらに近年では，障害者のスポーツが，競技スポーツの一部として位置づけられるようになっている．また，障害者福祉政策におけるスポーツは，障害当事者の福祉向上とともに，障害や障害者への国民の理解の啓発という心のバリアフリーの意味合いも同時並行的に示され，現在では，スポーツを通じた共生社会の実現への役割も期待されているといえる．

おわりに

2018年6月，厚労省とスポーツ庁は，健康増進，スポーツの振興に関して両省庁の今後の連携を強化していくため，「スポーツを通じた健康増進のための厚生労働省とスポーツ庁の連絡会議」を設置した．そこでは，両省庁が連携することにより相乗効果が期待できる事業の例として，厚労省の「スマート・ライフ・プロジェクト[15]」とスポーツ庁の「FUN+WALK PROJECT[16]」の連携が挙げられ，両省庁それぞれのチャネルを活用した普及・広報策の推進や両省庁共催のイベント等の開催により健康寿命の延伸が目指されている[17]．しかし，2019度行政事業レビューにおいて，スポーツ庁の「スポーツ人口拡大に向けた官民連携プロジェクト」（FUN+WALK PLOJECT，スポーツエールカンパニー認定制度等）が廃止を求められた[18]．「スポーツの捉え方を明確にした上で，他の省庁や地域で行っていることを把握することが必要である．そのうえで本事業は一旦辞めるべきである」といった意見等が出されたことから，省庁間の施策の競合や重複が問題視されたといえる．しかし，スポーツが健康増進に効果を発揮するためには，特定省庁が健康増進のためのスポーツを偏重し他を疎外することのないような省庁間関係を検討する必要があると考える．なぜならば，健康増進のためには，健康を支援する社会環境の改善が必要不可欠なことから，都市整備政策等，他の公共政策も含めた幅広い連携も今後さらに求められると考えるからである．

またこれまでみてきたように，障害者スポーツは，身体障害者のリハビリテーションを出発点とした歴史的経緯により，障害者の療養・福祉の一環として厚労省により推進されてきた．そのため，パラリンピックは厚労省，オリンピックは文科省が所管していた時代には，例えばパラリンピアンのナショナルトレーニングセンター利用制限といった，いわゆる縦割り行政の弊害が指摘され

たこともあった［望月 2011：93］．この問題は事務の移管により解消し，障害者スポーツの競技化が進む一方で，障害者の一般スポーツ施設の利用が断られるケース等も未だ散見されることから，日常的なスポーツ実施への環境整備のより一層の推進が求められる．また，障害者のスポーツにおいては，国民の障害や障害者への更なる理解促進のための取り組みとともに，障害者個々の身体的・社会的状況が，障害の種類や程度によって大きく異なることから，その実態の精確な現状分析に基づく政策の立案・実施が望まれる．

注 ⟫⟫

1) 健康の決定要因を個人の問題に限定してとらえるのではなく，健康が所得，生活環境，経済などの社会的決定要因によって影響を受けることから，そのような社会的環境の改善も含んだ定義となっている．

2) この国民運動を推進する母体として，1965 年 3 月に 11 の関係省庁と 168 の民間団体からなる「体力つくり国民会議」が結成され，1969 年度から毎年 10 月を「体力つくり強調月間」として主唱し，国民一般に健康・体力つくりを呼びかけるなどの運動を展開している［体力つくり国民会議事務局・総務庁青少年対策本部 1990：41-43］．

3) ここでの身体活動とは，安静にしている状態よりも多くのエネルギーを消費するすべての動きを指す．また，運動とは，身体活動のうち，スポーツやフィットネスなどの健康・体力の維持・増進を目的として計画的・意図的に行われるものを指す［厚労省 2014：147］．

4) ここでの身体活動は，生活活動と運動の 2 つに分けられ，まず，生活活動とは，日常生活における労働，家事，通勤・通学等の身体活動を指す．次に，運動とは，スポーツ等の，特に体力（スポーツ競技に関連する体力と健康に関連する体力を含む）の維持・向上を目的として計画的・意図的に実施し，継続性のある身体活動を指す．

5) 生活習慣病を有する人の場合，スポーツや身体活動を行うことで改善が図られる一方で，別の疾患（心不全や脳卒中等）を引き起こすリスクもあることから，保健指導の場面で運動指導を安全に推進するための具体的な判断や対応の手順を「健康づくりのための身体活動基準 2013」に則って行う必要がある．

6) 障害者のスポーツ実施率は，株式会社リベルタスコンサルティング（2020）スポーツ庁「障害者スポーツ推進プロジェクト（障害者のスポーツ参加促進に関する調査研究）」報告書，健常者のスポーツ実施率は，スポーツ庁（2020）スポーツの実施状況等に関する世論調査による．両調査で調査方法等が異なるため，厳密な比較はできないが，おおよその参考となるものである．

7) 障害保健福祉研究情報システム HP 国際身体障害者スポーツ競技会東京パラリンピック大会報告書（https://www.dinf.ne.jp/doc/japanese/resource/handicap/jsad/z16002/z1600201.html，2020 年 9 月 15 日閲覧）

8) 1993 年の障害者基本法の改正により，「障害者対策に関する新長期計画」は同法に基

づく障害者基本計画とみなすこととされ，2002 年に策定された基本計画は，障害者基本法に基づくものとしては第 2 次計画となる．

9) 障害者スポーツという特殊なスポーツがあるわけではなく，障害のためにできにくいことがあるだけだという理念のもと，用具やルールを工夫しながら行われているものを「障害者のスポーツ」と呼ぶ場合もある［渡 2012：30-35］．

10) 具体的には，「国民だれもが相互に人格と個性を尊重し支え合う」社会，「障害のある人が社会の対等な構成員として人権を尊重され，自己選択と自己決定の下に社会活動に参加，参画し，社会の一員として責任を分かち合う社会」を目指し，そのために，本計画は「障害のある人の活動を制限し，社会の参加を制約している諸要因を除去する」としている［中野 2003］．

11) 2015 年にスポーツ庁が設置されてからは，障害者スポーツの普及振興はスポーツ庁健康スポーツ課内の障害者スポーツ振興室，障害者スポーツの競技力向上に関しては競技スポーツ課が担当している．

12) その他，国際的な障害者スポーツ競技大会への参加の支援等，スポーツ等における障害者の国内外の交流の支援や競技性の高い障害者スポーツにおけるアスリートの育成強化等も示されている．

13) その他，競技性の高い障害者スポーツにおけるアスリートの育成強化など，2020 年東京パラリンピック競技大会を念頭に置いた施策も充実させたとしている．

14) これら 4 つの指標は，第 2 期スポーツ基本計画（2017）においても設定されている指標である．

15) 「健康寿命のばしましょう」というスローガンのもと，企業・団体・自治体と厚労省が連携し，国民の健康づくりを応援・推進する運動を 2011 年 2 月より実施している．生活習慣病予防に直接つながる 3 つの行動「適度な運動（例：通勤通学時に苦しくならない程度のはや歩きなど，毎日プラス 10 分の身体活動を推奨）」「適切な食生活」「禁煙」について，従業員・職員への呼びかけ，地域でのイベントの実施や協力，商品やサービスを通じた消費者への呼びかけなどを行ってもらうものである．

16) 仕事などで忙しいビジネスパーソンを主な対象とし，通勤時間や休憩時間等の隙間時間を活用して「歩く」という運動を促進するプロジェクトを官民連携の上で，2017 年度より推進している．

17) 文科省 HP スポーツを通じた健康増進のための厚労省とスポーツ庁の連携会議（第 1 回）当日資料（https://www.mext.go.jp/sports/b_menu/sports/mcatetop05/list/detail/__icsFiles/afieldfile/2018/06/28/1406050_1.pdf，2020 年 9 月 22 日閲覧）．

18) 文科省 HP 令和元年度公開プロセス結果の公表（https://www.mext.go.jp/a_menu/kouritsu/detail/1418134.htm，2020 年 9 月 22 日閲覧）．

参考文献 》》

井上洋一［2008］「障害者スポーツ政策」，諏訪伸夫・井上洋一・齋藤健司・出雲輝彦編『スポーツ政策の現代的課題』日本評論社．

葛西健・森下福史［2019］「健康政策をめぐる世界の潮流と健康日本 21」『医学のあゆみ』

271(10).

北川雄也［2018］『障害者福祉の政策学——評価とマネジメント——』晃洋書房.

厚生労働省［2014］『平成26年版 厚生労働白書』日経印刷.

厚生労働統計協会［2020］『国民衛生の動向・厚生の指標』67(9).

佐藤元［2001］「政策科学と健康政策」『日本衛生學雑誌』56(3).

佐藤久夫・小澤温［2019］『障害者福祉の世界 第5版』有斐閣.

澤田亨［2019］「身体活動・運動・座位行動」『医学のあゆみ』271(10).

島田肇［2014］「「障がい者のスポーツ」から「障がい者スポーツ」へ」『東海学園大学研究紀要社会科学研究編』19.

下光輝一・高宮朋子［2004］「ヘルスプロモーションにおける健康増進法の意義」『臨床スポーツ医学』21(11).

体力つくり国民会議事務局・総務庁青少年対策本部編［1990］『国民の健康・体力つくりの現況』大蔵省印刷局.

高尾将幸［2018］「健康政策と身体活動／スポーツ」『計画行政』41(3).

田中暢子［2013］「戦後日本における障害者のスポーツの発展——1949年から1970年代に着目して——」『体育研究』47.

鳥内憲夫・鈴木美奈子［2019］「WHOヘルスプロモーションの視点からみた健康日本21」『医学のあゆみ』271(10).

中野敏子［2003］「共生社会の実現となるためには何をすべきか」『月刊ノーマライゼーション』23.

日本障がい者スポーツ協会［2020］障がい者スポーツの歴史と現状（https://www.jsad.or.jp/about/pdf/jsad_ss_2020_web0130.pdf, 2020年9月18日閲覧）.

望月浩一郎［2011］「障害者スポーツ」日本スポーツ法学会編『詳解スポーツ基本法』成文堂.

渡正［2012］『障害者スポーツの臨界点』新評論.

天野和彦

第**7**章　自然環境政策におけるスポーツ

はじめに

　まず，自然環境下ではスポーツ行為そのものが，自然と対峙するという性質や，その活動の成立を含む歴史背景も含め，都市部の日常的なものとは視点が異なる．決められた敷地で，かつ整備された施設を通して一定の決められたルールの下で日常的に行われている現代スポーツと，範域が広大で多岐に渡り，活動の安全を確保する設備は充分とは言えない自然環境下でのスポーツは，考慮すべき事象は異なるのは当然であろう．さらに，自然環境は，我々に恵みとしてのスポーツ活動を許容すると同時に，時には大規模な災害という災厄をもたらすため，一般的なスポーツ事故への配慮以上に，絶えず生命と安全を保護する観点からの考察を外すことが出来ないであろう．近年，自然環境下でのスポーツは再びブームを迎えており，例えば経営環境が厳しかったスキー場も訪日外国人観光客によるインバウンド効果や冬季以外の利用増で持ち直してきたと言われている［日本生産性本部 2019］．しかし，日本では大規模な自然災害が頻発しており，自然環境下での活動には危険性を孕んでいることも看過できない．そこで，関連する法体系も含め，自然環境下のスポーツ行為が災害時に抱える課題について考察することとする．

　つぎに，自然と環境の概念は広範囲にわたっており，そのため関連する政策や行政計画も膨大である．登山やトレッキング，冬場の多様な雪上活動に関連する山岳，海水浴や海洋性スポーツの海辺，カヌーやフィッシィング，キャンピングといったレジャーに関わる河川というように領域毎にその特性は専門分化している．本来であれば，活動する「場」に応じて個別に考慮していく必要があるが，本章では限られた事例のみの提示とはなる（**図 7-1**）．

　また，自然環境下のスポーツでは，その行為が競技性をもたないレクリエーションも多く，用いる用具は大掛かりで費用がかかる．そして何より，行う「場」は人の造営があまり及ばない空間であり，スポーツ活動の実現には多様な行政主体が関わっている．それは，言い換えると多様な公益を目的として設置された行政法及び計画の影響を，自然環境下でスポーツ活動は影響を受けて

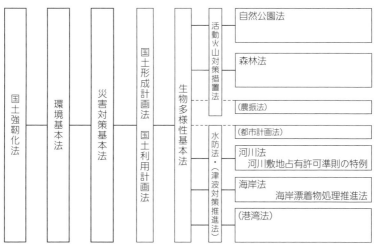

図 7-1　本章における自然環境政策とスポーツ

出所）筆者作成.

いるという事である．行政法規は事務の肥大化に伴い膨大な数にのぼり，日々改正が行われていて必ずしも体系化がされてはいないのが現状である．そこで，スポーツ活動や事業を自然環境下で実現するためには，法規範適用の原則である後法や特別法の優位性を鑑み，それらの関係する法規をある程度整理し，政策や計画を体系的に理解しなければならない．その上で，関わる人命の確保と自然環境の保護を念頭に活動する必要があるのである．

1　国土政策とスポーツ

（1）国土強靱化とスポーツの関係

まず，自然環境下におけるスポーツは，たとえ所有不明地であったとしても須らく日本の国土の上で行われていることから，否応なく国土政策の影響を受けている．

これまでの国土政策は，数度の全国総合開発計画に見られるように主として経済や産業の伸展を重視した効率主義と，地域全体の発展を重視した衡平主義が相まって開発を進められてきた経緯があるが［川上 2008］，度重なる大規模な災害，特に東日本大震災以降，「国土強靱化」という新たな観念のもと，国とし

て一体となって取り組まれてきている.

　強くしなやかな国民生活の実現を図るための防災・減災等に資する国土強靱化基本法（以下，国土強靱化法と略する）は，2013 年 12 月 11 日に議員立法により閣議決定された法律である．本法では，大規模災害は政治や経済，社会活動に打撃を与え，国そのものの競争力を削ぐ危険性のあることから，そのような被害を最小限に抑えて持続可能な社会を構築するために制定されたものである．行政機能や都市形成，医療福祉やエネルギー，あるいは金融と多岐にわたる行政事業に影響を及ぼすシステムの構築をはかるものであり，本章が扱う自然環境と関わるスポーツにおいては，当然災害の危険性は看過できないため関連性を考慮する必要性がある．また国土の強靱化（ナショナル・レジリエンス）は，国を挙げての重要な政策であり，行政部門を横断的に執行する必要性があることから，これまでの国土管理を行う国土交通省ではなく，内閣府そのものが事業を総合調整していることも重要な視点である．

　国土強靱化法では第 10 条において，まず国（内閣官房）において推進する計画を定めることとしており，国土強靱化基本計画及び年次計画（2018 年まではアクションプラン）が策定され，漸弱性の評価をもとに事業の推進が求められている．

　これらの事業計画からスポーツ活動に関わるものを紐解くと，例えば大規模な津波発生による被害を防ぐ手立てとして大規模ハード事業を推進するとともに，ソフト事業としてハザードマップ作製及び支援事業が挙げられているが，これを受けて地域のスポーツ団体は海岸でのスポーツ事業を実施する際の災害の想定はもとより，防災教育として当該ハザードマップをもとに自らの居住地域を例えばガリバーマッピングする取り組みとウォーキングを組み合わせた事業実施をすることで寄与することが考えられるであろう．また，大規模な火山噴火や土砂災害などの被害を軽減するための事業には，観測体制の整備とともにソフト事業，特に避難体制に関わる横断的な取り組みが求められており，後述するが山岳に関わるスポーツ団体にとっても重要な内容を孕んでいる．また近年では突発的な豪雨による河川の増水や氾濫が発生しており，流域治水を主眼においた砂防，樹木伐採などの対策が示され，河川でのキャンピングなど多くの水域でのスポーツ事業は深く関連している．

　なお，国土強靱化法の第 13 条では国の計画を受け，都道府県や市町村では地域の実情に沿った国土強靱化地域計画を策定することを求めており，地方公

共団体において具体的な事業を展開している.

　内閣府に設置された国土強靱化推進本部では国土強靱化法の成立を受けて,政策の大綱を示している.ここからもスポーツ活動や事業に関わるものを少し考えてみたい.まず,強靱化を推進する上での基本方針のなかには減災に向けた政策として,ハード整備だけではなく,災害リスクについて地域でのいわゆる「ソフト対策」としての防災訓練や教育の必要性が明確に指摘されており[内閣官房 2013],自然環境と切り離せない大規模な災害に対する知識や対策をスポーツ実施者に啓蒙する必要性が求められるであろう.また女性,高齢者,子供,障がい者と並び,外国人等に十分に配慮して施策を講じることを求めていることから,スポーツの現場における特に大規模災害に関わる情報の伝達は多様な方法を用いて安全性を確保することが求められており,例えばスキー場などスポーツの「場」での多様な言語による注意喚起の表記の必要性はこれに該当する.

　最後に,これまでも述べてきたように国土強靱化法及び計画は,国の根幹となる政策であり,行政法として上位法にあたり,当然ながら個別にスポーツ活動への明文化はなされていない.しかし,自然環境下でスポーツ事業に携わるうえでは,外すことが出来ない重要な視点として意識する必要がある.

（2） 国土形成・利用政策とスポーツについて

　国民の活動に必要な資源を生み出すもので,鉱物,作物,水だけでなく,居住空間や経済活動の場を生み出す国家と国民に欠かせない土地を我々は国土として認識している[国土交通省 2015].その国土に関わる法令としてこれまでの国土総合開発法が 2005 年に見直され改題されたのが国土形成計画法である.同法は国土政策,具体的には国土の利用や整備,保全を推進するための法律であり,我が国の国土行政の根幹法である.なお,現行法は,2012 年に改正を受けており,そこでは成熟社会の形成に向けて開発からの転換が図られている.

　この法律を受け,審議会やパブリックコメントなどを受け閣議にて決められる総合的な国土の形成に関する施策の方針を「全国計画」,同じく広域地方計画協議会やパブリックコメントなどをもとに国土交通大臣が決定する国と都道府県が連携して定める「広域地方計画」が定められる.これらの計画をもとに,後述する利用計画と相まって多岐にわたる事業が実施されることとなる.

　国土形成計画の理念は,特性に応じた地域社会の発展,国際競争力と科学技

術振興等による活力がある経済社会の実現，国民生活の安全の確保，地球環境の保全に寄与する豊かな環境といった視点から構成され，これらについて国土を通して実現すること目指している.

　戦後7番目となる現行の全国計画（2015年8月14日閣議決定）は，まず2015年からの10年間の期間を通して，国土に関わる幅広い政策分野に対して長期的且つ統一性を持った方向付けを行う事を目指し，人口減少社会への取組，地域の個性を重視した創生，イノベーションにより経済成長支援を特色に掲げ，地域の多様な個性を相互に連携させることで諸資源が双方向に動き，地域に活力とイノベーションをもたらす「対流促進型国土」という新たな国土構想テーマを掲げている.

　これらの具体的な方向性の中には自然環境に関わる新たな方向性が示されている．例えば，災害対策のなかではハード対策とソフト対策の適切な組み合わせが明文化されていることからも，国土行政が近年になってソフト面の実効性を重視していることを示しており，実効性の担保のために山岳や河川，海辺での減災には，地域住民だけでなく，スポーツ実施者や団体の連携が求められることとなるであろう．また，持続可能な国土形成として，森林の保全や多面的機能の発揮ならびに自然環境の保全・活用・再生では，森林を活用したスポーツ事業による交流や活性化促進が読み取れ，複合的な効果と国土の選択的利用からは砂浜や河川敷地において水辺と陸域を一体的に活用する構想において水辺スポーツ資源の活用を想定することができる.

　なお余談ではあるが，計画にはスポーツについて直接言及されている箇所もあり，領域別政策との整合性を高める狙いがあると思われるが，地域でのスポーツ活動が活力や誇り，愛着をもたらすことが指摘され，見るスポーツの人口及びスポーツ実施者の増大について目標値が示されている．また第9章のスポーツツーリズムに関連した活性化についても触れられていることからも，全国計画において，地域の総合的な開発にはスポーツ（事業）も調整され策定されていることが伺える.

　次に，国土形成計画法には関連する法律として，国民の資源である国土を自然環境の保全を図りつつ，社会的・経済的及び文化的条件に配慮しながら土地利用調整や取引規制の措置を講ずることを目的とした国土利用計画法がある.

　この法律を受けまず国及び地方公共団体では国土の利用計画を策定し，地目面積に応じた目標値を定め，利用の基本構想を策定している．2015年8月に策

定された現行の国土利用計画（全国計画）では，人口減少社会，持続可能な自然，巨大災害への安全という現在起きている変化に対応した国土利用に関わる構想を掲げており，「適切な国土管理を実現する国土利用」，「自然環境・美しい景観などを保全・再生・活用する国土利用」，「安全・安心を実現する国土利用」という3つの基本方針を策定している（国土利用計画法第5条）.

　そして，自然環境下で行われるスポーツの活動範囲とする領域は，当該計画における国土の利用区分としてとして森林や原野，水面や河川及び水路などに区分され基本方針が定められている．例えば森林においてはその利用において活性化と多様な国民の養成に配慮することを言及しており，スポーツを含む文化活動もそれにあたる．過去には，レジャー開発において環境と地域に負の影響を与えつつも地域に収益としての経済効果をもたらしたスキー場［松村ほか 1997］も，現在では閉鎖されてしまった所も多く，未利用地となったそれらスキー場やゴルフコースの森林への転換を推進することが明文化されているほか，有効利用やその処理（撤退時の）についても触れられており，再整備のスキームがインバウンドで求められていると同時に，いわゆる「負の遺産」を自然に戻す事業がいかに大変であるのかをスポーツ事業に関わる人間は理解しないといけない.

　次に，この全国計画をもとに，都道府県では都道府県国土利用計画を定め，これをもとに土地利用基本計画を策定している．これは，都市，農業，森林，自然公園，自然保全に区分した地域をまず定め，都市計画法，農業振興地域の整備に関する法律，森林法に基づく規制を行うに際して，事業に対する国土利用計画法との整合性を構築するいわゆる総合調整機能を有している.

　そこでは，多くの自然環境下でのスポーツ活動の場は，地域類型において「自然維持地域」に属することから，環境保全への配慮が求められ，また触れあい（教育）についても求められるであろう．次に，利用区分からは当該地域の土地が，前述の国の森林，原野など，水面・河川・水路，及び低未利用地に区分されることで，基本的な利用の方向が都道府県から示されることとなる．これらの区分をもとに都道府県では国土利用計画法の運用にはじまり，保全や整備の推進，多様な主体との連携・協働による管理を推進していくこととなる.

（1）　自然公園とスポーツについて

　日本の郊外に広がる豊かな自然の多くは国または都道府県によって公園に指定されており，景観に優れた山脈や海岸の面積は，国土の実に約14％をも占めている．因みに，日本では地域制自然公園制度を採用し，所有形態に囚われず公園を指定することができるため，現在の国立公園の約25％は私有地で構成されている．

　これらの自然公園は，園内にある優れた自然風景の保護，及び利用による国民の保養と自然教育の推進，及び生物の多様性の確保を目的に自然公園法に基づいて管理が行われている．同法では自然公園を，国の風景を代表する傑出した風景地である国立公園，それに順ずる自然の風景地としての国定公園，そして優れた自然の風景地で都道府県が指定する都道府県立自然公園に体系化されている．そして，国定公園，国定公園は環境大臣，県立自然公園は都道府県の知事によって指定され，豊かな自然景観を維持すべく当該地域において保護が必要な特別地域では行為に許可が，それに準ずる普通地域では届け出が求められているのが一般的である．また，規制は自然景観の保護と同時に，地域内での農林漁業従事者の生活の場を守ることが目的であり，例えば入山時の動植物の毀損や採取，冬ならバックカントリースキーヤーによる樹木の破損，海洋性スポーツでの動物の捕獲や殺傷などは，例え故意でなくとも禁止行為にあたる．すなわち，他の一般的行為と同様にスポーツが規制の対象となっているのである．

　自然環境の保全に関しては，旧来の公害対策基本法や自然環境保全法では対応できなくなった環境問題を総合的に解決すべく環境基本法が制定された［加瀬野 1994］．これにより生物の多様性を保護とする新しい考え方が一般化されるようになり［戸部 2015］，さらに個別法である生物多様性基本法が成立し，保全の重要性が顕示された．

　そこで自然公園法も数度にわたる改正を行い，2003 年の改正において従来の風景保護に加え生態系の保全と野生生物保護機能を重視した施策を講ずることが盛り込まれ，2010 年の改正では，生物多様性基本法を受け，生物の多様性の確保に寄与することを追加し，海域の保全施策の充実などが盛り込まれてい

る［環境省 2020］．したがって自然環境下では景観の保全に影響を及ぼさない実践と同時に，生物に対する配慮が重要となっている．

（2） 森林とスポーツについて

また，日本において林野が占める割合は，国土の約6割であり，そのうち3割は国有（林野）で，残りの1割が公有，そして民有（林野）が5割強をしめている［林野庁 2019］．そして，それらの多くは奥地脊梁山地や水源地域に分布している．これらの森林は農林水産省の外局である林野庁が所管しており，森林の区分や開発，管理について定めた森林法と，国有林野法（国有林野の管理経営に関する法律）に基づき私有林も含めた政策や計画が策定されている．そして，農林水産大臣が策定する長期計画である「国有林野の管理経営に関する基本計画」を基にして多様な森林に関わる事業を，8つの広域行政区分した地方の森林管理局を中心に行っている．

この国有林野ではこれまでも，国土の保全，水源の涵養，自然環境の保全だけでなく，アウトドアスポーツなどのレクリエーションを通じた住民の憩いの場としての公益機能が求められてきた．近年では特に地球温暖化の防止に関わる事業や生態系の多様な保全事業と並び，地域住民が森林とふれあうことを推進する事業が活発に行われている．林野庁では「Recreation Forests of JAPAN」事業として，各区の森林管理局を通じて情報を提供している．多様な公益の利用に対する先進的な事例としては，ITを活用し森林内の歩道を映像化し，たとえば肢体が不自由な人など多様な人々に森林での体験してもらう活動なども見られるように新たな工夫が地方公共団体によってみられる．

（3） 活動事例：自然環境と共生するトレイルラン

つぎに，山岳部において盛んに行われるようになってきたスポーツ種目にトレイルランニング（Trail running 以下，トレイルラン）がある．現在は中央競技団体にあたるものがなく，複数の統括団体が存在するが，日本陸上競技連盟と提携する日本トレイルランニング協会（2013）によれば「登山道や未舗装路で，登りもしくは登り下りで標高差がある野山で行われるスポーツである」と定義されている．近年では，全国各地で様々な形態で事業が行われており，当該地域の活性化に寄与する事例も散見されるが［高岡 2019］，それに伴い事故や他者との問題，環境破壊など多く課題が発生している．

宮城県の中西部に位置し，船形山を主峰とした県立山岳公園に位置する泉ヶ岳では，民間スキー場を主会場として2003年からトレイルランのイベントが2日間の日程で秋季に開催されている（写真7-1）．主催しているのはコースの大部分を占める仙台市において，スポーツ・レクリエーションの普及振興をはじめとした多様なスポーツ事業を行っている（公財）仙台市スポーツ振興事業団（以下，事業団）である．事業団では，回を重ねるごとに事業内容を向上させることで，当該イベントを参加者だけでも千人を超える規模へと発展させている．特に2013年から，トレイルランのエキスパートを招聘することで専門的見地からの改良が行われたことにより，開催当初は課題のあった参加者によるゴミの投棄などもなくなった．また，レース前には安全性確保のため職員を中心に草刈りを行うことで使用する道は，ハイカーや地域住民などの一般往来の人々にとっても容易に通行できるメリットも生じている．さらに，事業前日の講習は参加者のマナーを年々向上させ，安全観察ランナー（監視員）を動員することと相まってハイカーや登山客からも苦情は年々少なくなっている．

写真7-1　活況を見せるトレイルラン
出所）公益財団法人 仙台市スポーツ振興事業団提供．

　事業団では当該事業のコース使用にあたり，私有林の場合所有者に，管理地は所管されている複数の行政担当課に使用申請を行っている．また，森林行政管轄への林道及び警察への道路の使用許可も提出している．さらに，自然環境への配慮として，森林管理部局とモニタリングを事前と事後に実施し，事業の自然環境への影響も徹底して確認している．このように自然環境下でスポーツ

事業を行う場合，対象となる自然に関わる多様な行政部局との連携や調整，そして何より環境を保全する取り組みへの理解が重要となってくる．

　一方，個人がイベントではなく，日常的に野山を使用するトレイルランでは，私有地を除き，林野でも自然公園でも，動植物の採取といった明確な禁止事項を除けば自由に「場」として使用ができる．しかし，その場合でも自らがスポーツ活動をしている「場」の生態系，地域住民の生業と結びつきへの理解と配慮が必要である．ランナーは自然環境保全の観点を念頭において絶えず活動すべきなのである．そのためには，日常的にトレイルランを含む野山に入るスポーツ活動実践者が，その地域の自然環境や知識に主体的にかかわる必要性がある．前述の事業団の事例では，講習会がトレイルランより事前に構成されており，ランナーの自然環境理解への良い契機になっている．このように，活動の安全に関する情報も含め，地域の自然環境情報に，日常的に容易にアクセスできるような情報提供活動を，地域のスポーツ関係団体は取り組むことが重要である．

（4）火山とスポーツ

　山岳で行うスポーツ・レクリエーション活動を代表するものとして登山やハイキングなどがあげられるが，その活動範囲と登山を行う質は多様化している [池田 1978]．登山道を利用する行為は，一昔前であればアルピニズム（登山）とは認められなかった．しかし，現在では山頂付近まで一般の道路が整備されている山が増えており，山頂付近だけをハイキングする軽装なハイカー，あるいは観光バスを利用した観光客までが山頂に到達できる現象からも多様化は垣間見ることができる．また，近年の現象がこれまでの数度にわたる登山ブームと本質的に異なるのは，用具の飛躍的な進歩による大衆化と，嘗て経験を積んで登攀していた活動が，個人の活動へと移り変わり，情報の入手経路が口伝からSNSなどに移り変わった点であろう．しかし，そこには Bikhchandani et al. [1992] が唱える情報カスケード（Informational Cascade）が生起し，自らに有益な情報だけがバイアスによって選択され拡がってしまい山岳の現場の危険な情報からは目を逸らし，登攀達成の事実や方法といった情報を無意識に選択してしまうという危険性をも孕んでいる．

　一方で，日本には 100 を超える火山があり [気象庁, 2013]，温泉などの恵みをもたらす山は，時として噴火活動をおこし，近年であれば 2014 年におきた御

嶽山噴火のように災害を引き起こしてきた．災害に関わる法律は，その都度制定されるため膨大であり，それらを体系化することを目的に成立したのが災害対策基本法であった．しかし，御嶽山の災害をうけ火山活動に関する個別法である活動火山対策措置法が改正（活動火山対策特別措置法の一部を改正する法律）されることで，火山防災協議会の設置が義務化（第4条）され，登山者の火山情報収集が努力義務（第11条）として組み込まれた．

　この改定は山岳に関わる個人及び団体にとって重要な問題である．何故なら，平時であれば前述の多様化に対して，地方公共団体では一つの山でも多様な登山ルートを技術によって層化し，危険性に対応することもできるであろう．しかし，熟練した登山者であっても火山の知識は低く［Amano 2016］，そのため災害時はおしなべて深刻な被害をうけてしまうのである．また，これは冬季のスキー実践者にとっても，噴火による融雪型火山泥流として同様の危険性［Amano 2017］を孕んでおり，噴火災害の危険に関する啓蒙活動が一般の愛好家に浸透することが求められる．さらにこの改正は，災害の対象者をこれまでの地域住民から登山者も含めている．そのため，地域の防災協議会にはスポーツ活動の専門知識の提供，スポーツ団体や専門家の参加も求められているのである．

3　水域における規制とスポーツ

（1）河川とスポーツについて

　河川は，水系に応じて区分があり，おおまかにいえば一級河川は国（国土交通省）が，それより規模の小さい水系は地方公共団体が管理し，二級河川は主に都道府県，準用河川などは市町村が管理している．これらの河川は，河川に関する法律である河川法によって治水や利水及び環境といった河川に関わる機能が規定されている．1997年の改正により，利水機能及び水系の一貫管理などが掲げられ，同法に基づいて河川整備の基本方針，計画が策定されている．また，河川では近年突発的な豪雨などにより反乱や浸水が発生しており，これに関しては水防法も関連している．同法も改正が重ねられており，近年では2005年改正で中小河川流域での洪水災害予測地図の作成が義務付けられ，2015年の改正で浸水想定区域の拡充がされている．

　自然環境下のスポーツにおいては河川及び湖の水面を一時的に利用すること

は，河川法第 35 条に照らしても可能であり（自由利用），管理する地方公共団体特に条例などで禁止活動として規定していない内容に限り，行為者本人が環境や施設，他者に十分な配慮をしたうえ自己責任での活動となる．また，河川区域内でのレクリエーション活動も同様である．

　区域内の土地を活用したスポーツ利用は，河川と同じく占有や形状変更などの諸規定を守ることに加え，当該公園の利用規定に従った行動が求められる．これは，河川そのものを活用したものではないが，河川の主に下流には比較的広大な敷地が形成されており，その土地を河川環境整備事業の活用によって河川法の許可の下で国または地方公共団体によって整備されたものを河川公園と呼んでいる．これらにはスポーツ関係者には親しみがある運動公園（いわゆる河川敷スポーツ場）があり，バットを使用する野球やクラブを使用するゴルフなど本来は河川では禁止されているスポーツ行為を含む多様なスポーツ種目が敷地内では楽しめるようになっていたりする．ただし自由利用であっても近隣住民や他者への配慮は言うまでもなく必要であり，特に多人数がかかわる行事利用は近隣住民の生活への配慮が求められている．

　2004 年には，河川敷地の多様な利用を推進することを目的として河川敷地占有許可準則の特例措置が実施され，その後 2011 年には特例は一般化されることで河川敷地での営利活動が認められるようになった．このスキームは都市部での河川敷地であるいわゆるウォーターフロントでのスペースを活用し，そのエリアに賑わいを興す事業が多く見られるが，地方ではで自然環境を活用した事例も散見され，例えば河川において，当該水系の河川公園内においてキャンプやイベントなどの営利事業を行う民間事業者による占有許可を行うことによって，水域に賑わいの場を創出することを意図したものや，湖畔の船舶係留施設を整備（修繕）し，湖畔でのキャンピング，ウィンドサーフィンやカヌーなどの体験学習事業を行う事で，水辺空間の活性化に繋げようとする事例などがあり，時代の移り変わりでスポーツ活動を楽しめる場所が広がっていると言える．

（2）　海岸政策とスポーツについて

　夏場に海水浴を楽しむ砂浜や，サーフィンやヨット，ダイビングなどの多様な海洋性スポーツの場である海岸は，その規模から広域行政が所管する領域である．この海岸は海岸法にて，津波，高潮，波浪その他海水または地盤の変動

による被害から海岸を防護し，海岸環境の整備と保全及び公衆の適正な利用を図ることで国土の保全に資することを目的として諸規定がなされている．

　海岸法では，海岸を公共海岸と一般公共海岸に区分し，いずれも管理保全についての規定（海岸保全区域）している．公共海岸は，さらに港湾海岸及び漁港，一般海岸に区分され，海水浴場などに利用される海岸は，主に背後に集落や道路がある砂浜を有する港湾や一般（旧建設）海岸である．但し，多くの海洋レクリエーションは逆に遊泳区域外が活動の場となるため，単に砂浜が形成されている一般公共海岸での活動も多い．同法は2003年の改正において，これまでの治水や利水管理に加え，新たに環境管理が求められるようになったことで，これまで海岸保全区域を対象としてきたものを，環境や利用に関する規定の対象に新たに一般公共海岸を対象に加え法定化しており，サーフィンやプレジャーボートなどのレクリエーションとの関わりが深まった（海岸法の一部を改正する法律）．更に，同法では，平成26年の改正にて，これまでの海岸の防護から，海岸の防護と環境と利用の調和による総合的な海岸管理制度の創設を目的に一部法改正が行われ［寺前 2015］，そのなかでは大規模災害を想定し，減災に対する処置として堤防など保全施設の老朽化の対応，水門操作規則の策定や座礁船舶の撤去命令の追加とともに，海岸協力団体制度の創設を新たに言及している．因みに同法が扱う海岸保全区域は，海岸の成り立ちによって複雑であり，港湾局と水産庁，水管理・国土保全局に農村振興局が関連している．

　次に，海岸法を受けて国土交通大臣と農林水産大臣は海岸保全区域等に係る海岸の保全に関する基本的な方針（2014）を策定しており，今後の海岸の保全に関する事項と並び，海岸における公衆の適正な利用に関する事項としてスポーツも明文化されている．そこでは，海岸が古くから祭事場として，そして現代では海水浴だけではなく多様なマリンレジャーやスポーツ，あるいは海洋療法による健康増進などに活用されている現状を鑑み，海岸の利用を増進する施設整備が唄われると同時に，海岸の環境保全の更なる推進と，多様なスポーツを通じた利用者による自然環境への悪影響を防止するために啓発活動も視野に入れて言及されている．そして，広域利用の観点を踏まえつつ，海岸とその周辺での施策との連携推進が盛り込まれている．これは，海岸の場合その連続性も視野に入れ，場合によっては都道府県を跨いで一体となった海岸保全計画の策定が行われ，それに基づき地方公共団体が沿岸の地域において保全施設の整備あるいは改良を行い，事業が展開されていることを示している．

（3） 海水浴場の整備と管理

　これらの水域において最も一般的なものが海水浴場であろう．その整備は，海岸法制定以後，国の直轄事業としての保全整備あるいは都道府県による事業によって造成や養浜などの基盤整備が行われた地域において，海水浴場の設置認可を得た市町村が，事業整備補助を受けながら，遊泳施設や更衣施設，休憩などの便益施設や事務所や監視所，救護施設など管理保安施設を保全区域外もしくは保全区域に限って一時的に設置し，季節ごとに占有の届出を行い，開設しているのが一般的である．また，水面の利用に関しては，遊泳者と海洋レジャースポーツを区画分けするために地方公共団体や警察，海上保安庁や観光などの行政部局と漁業関係者や住民団体，利用者である海洋スポーツ団体などで形成される協議団体にて水面の区分や清掃管理体制の確立，水難救助体制の確立などを決定している．なお管理主体である都道府県は，条例で当該海水浴場の諸規定を定めており，それに基づいて行為が執行されている．

　また，近年注目されている制度として海岸協力団体制度がある．これは，海岸を利用する団体が多様化するなかで，植生の保護や生物保護，清掃などの環境管理をより積極的に図るために，スポーツ団体なども含む法人・団体活動の促進を目指して，海岸管理者である都道府県に指定をさせる仕組みである［国土交通省 2014］．これに基づいて指定を受けた団体は，当該海岸での活動に際する手続きが簡素化することと並び，社会的信用が向上することで外部資金の調達にも関連してくる．そして，それらの活動からは，ビーチスポーツをはじめとした海洋性のスポーツに関わる多様な団体が海岸の清掃活動に参画したり，スポーツ団体が違法に海岸への車両の乗り入れを（主に積み下ろし）をしないよう注意喚起したりすることなどが期待されると言える．

（4） 活動事例：海岸の環境保全とスポーツ団体

　近年 SDGs（国際連盟による持続可能な開発サミット 2015）にて掲げられた廃棄物削減目標には海洋性スポーツと深く関わりがあるものがある．具体的には海洋におけるプラスチックごみ，特に一次及び二次マイクロプラスチックごみよる海洋汚染の防止であり，我が国においても切迫した課題として周知されている．その一方で，海洋に囲まれた日本では以前からも海洋漂流物による海岸の環境悪化には向き合っており，美しく豊かな自然を保護するための海岸における良

好な景観及び環境並びに海洋環境の保全に係る海岸漂着物等の処理等の推進に関する法律：海岸漂着物処理推進法が施行されている．そして，海開きをはじめ，多くの海洋性スポーツのエントリーの場としての海岸や砂浜では，これまでも行政だけでなく，スポーツ実施者を含むボランティア団体によって海岸に漂着するごみの清掃活動が続けられてきており，地域からは当該団体への理解と同時に，清掃事業への期待もされているのが現状である．

そのようななかで新たな連携による環境事業も生まれている．例えば，海洋性スポーツとそのネーミングに関連が深いブランドを持つ時計会社では，アメリカ

写真 7-2　海岸清掃活動と海洋性スポーツ選手
出所）BREITLING 提供．

に本拠を置き世界的に海洋生物の環境保護を行っている自然保護 NGO 団体の Ocean Conservancy（以下，OC，写真 7-2）と 2018 年にパートナーシップ協定を締結し，契約する著名な海洋性スポーツ選手を中心に海岸の清掃活動の企画及び実行することで，スポーツを通じた自然環境保護に関わる啓蒙活動に積極的に関わっている．OC が呼びかけている International Coastal Cleanup（以下，ICC と略する）の特徴は，単なる清掃だけではなく，同時期に世界各国で行うことにより，収集したゴミをデータとして可視化し，時系列と類型化することで環境の変化や問題への対応を行うものである．2019 年には，日本の ICC ナショナルコーディネーターである一般社団法人 JEAN と連携し，千葉と福岡の 2 カ所の海岸でこの取組を実現させている．また，化粧品会社も日焼け予防商品に関わる事業の関係から，海外にて World Surf League（WSL），同団体が直接運営する環境保全活動団体である WSL PURE と連携しサーフィン大会会場における清掃活動に協力し，啓蒙活動に関わっている．

このように，海洋性スポーツは，関連する産業も多様であることは一つの強みであり，地域においても関係する企業と協賛・連携し前述の海岸協力団体制度などを活用し，継続的な環境保全活動事業に関わることがスポーツ団体には

求められていると言える．最後に，海洋性スポーツは中央統括団体が成り立ちも含め多様であり，競技団体と業界団体が混在しているのが現状である．そのため，活動における安全については多くの団体において事業化がなされているが，環境保全活動については予算も含め関わる余力に乏しく，一部の種目の環境保全活動しか散見されないのが現状であり，課題と言えよう．

おわりに

　これまで国土保全や環境保護に関わる膨大な自然環境政策のなかでスポーツに関わるものを抽出して述べてきたが，それらの政策にとってスポーツ活動は周辺の関連する一事業であり，いわゆる規制行政の対象である．その一方で都市部でのスポーツ活動とは異なり，人命に直接関わる事業としてのリスク担保は決して容易ではない．このような背反する背景を持つ自然環境下のスポーツ活動についての課題をいくつか挙げてまとめとしたい．

　まず，自然環境下ではスポーツ活動が生命安全の危機と密接に結びついているにも関わらず，自らだけでなく自然環境を含む他者に対する配慮と理解，危険についての意識は極めて低いということである．本章では紙面の関係から自然環境下で起こりえる事故については言及しなかったが，活動に関わる潜在的な危険，活動の安全を確保することがスポーツ活動を行う人々自身と，自然環境に関わる行政主体双方に求められているのである．また，関連することではあるが，「（当該地域の）自然」に対するスポーツ実施者及び事業者の配慮が残念ながら未だに充分とは言えないということである．現代において人間が自然環境に与える影響は看過できないが，その一方で自然界の変動周期はとても長大である．したがって，それを対象とした政策の場合，スポーツが含まれる文化政策とは異なり，想定すべき期間は自ずと長期であり，計画においても，現在だけでなく将来の公益も視野に入れ策定されている．したがって普段慣れ親しんでいるスパンではなく，自然環境下でのスポーツ活動においては現在だけではなく，長期的な視野を持った行動規範が求められていると言える．

　もう一つは，自然環境下でスポーツを行う人々や関連するスポーツ団体は，政策を実現しようとする行政組織から連携を求められているということである．近年では特に，自然環境に関わる政策を所管する各々の部局がソフトに関わる事業を重視し，対象地域の多様な組織が関与した協議会形式を利用した政策や

計画の実現に拘るようになってきている．これは，新しい公共が人々の協働を前提としていることや，そもそも個々の政策を具体的に実現するには，それぞれの生活場面における人々の活動が前提になっていることなどから，地域において協働システムの必要性を行政部局が重視している為であろう．しかし，自然環境下でのスポーツに関わる団体は，その特性も多様で，都市型の現代スポーツ競技団体と比較すると会員数や予算規模も少規模な組織が多い．そのため，スポーツ行為が持つ安全の必要性は理解しているものの，強化や普及活動に取り組むことは出来ても，安全確保に向けた啓蒙活動への取り組み，特に地域の他の組織との連携は総じて低いことが推察され，これらは今後取り組むべき課題と言える．

参考文献 》》》

〈邦文献〉

池田常道［1978］『登山教本　アルピニズムの歴史』ベースボールマガジン社．

一般社団法人 JEAN（http://www.jean.jp/about-jean/, 2020 年 8 月 10 日閲覧）．

加瀬野悟［1994］「公害対策基本法から環境基本法へ——環境基本法の成立とその意義——」『環境制御』16.

川上征雄［2008］『国土計画の変遷　効率と衡平の計画思想』鹿島出版会．

環境省［2008］『国立公園の仕組み——美しい日本の自然とその継承——』環境省．

環境省 自然公園制度の在り方検討会［2020］『今後の自然公園制度のあり方に関する提言』．

環境省「自然公園法改正など」（https://www.env.go.jp/seisaku/list/nature-park_law.html/, 2020 年 8 月 15 日閲覧）．

岸田弘之［2000］「海岸法の改正」『海洋開発論文集』16.

国土強靱化推進本部［2013］『国土強靱化政策大綱』．

国土交通省 水管理・国土保全局［2014］『海岸協力団体制度の概要』．

国土交通省［2015］『国土形成計画（全国計画）』．

———［2019］『河川空間のオープン化活用事例集』．

———「河川整備基本方針・河川整備計画について」（https://www.mlit.go.jp/river/basic_info/jigyo_keikaku/gaiyou/seibi/about.html/, 2020 年 8 月 10 日閲覧）．

高岡敦史［2019］「第五章外発的開発のエネルギーを生かす！」，松橋崇史・高岡敦史編『スポーツまちづくりの教科書』青弓社．

寺前大［2015］「「海岸法の一部を改正する法律」について（特集 改正海岸法を踏まえた海岸をめぐる取り組み）」『海岸』52.

戸部真澄［2015］「生物多様性保全と法」『大阪経大論集』66(1).

内閣官房国土強靱化推進室［2016］『国土強靱化とは？——強くて，しなやかなニッポンへ

　　　　──』.

中村隆司［1994］「国土利用に関する計画制度の在り方についての考察」『日本都市計画学
　　会学術研究論集』29.

「気象庁地震火山部火山課［2013］「日本活火山総覧（第四版）web 掲載版［2013］」
　　（https://www.data.jma.go.jp/svd/vois/data/tokyo/STOCK/souran/main/
　　kakkazanrisut.pdf/, 2020 年 8 月 10 日閲覧）.

日本生産性本部［2019］『レジャー白書 2019』.

松村和則［1997］『山村の開発と環境保全　レジャースポーツ化する中山間地域の課題』南
　　窓社.

〈欧文献〉

Bikhchandani, S., Hirshleifer, D.and Welch, I.［1992］"A Theory of Fads, Fashion,
　　Custom, and Culutural Changes as Informational Cascades," *Journal of political
　　Economy*, 100.

Kazuhiko, A.［2016］"A Large-scale Volcanic Eruption and Mountaineering Association,"
　　European Sport Management Conference2016, Warsaw.

　　──────［2017］"Volcanic Eruption and Winter Sport: Focusing on risk management for
　　skiers and snowboarders," *European Sport Management Conference2017*, Bern.

〈ウェブサイト〉

JEAN（http://www.jean.jp/about-jean/, 2020 年 8 月 10 日閲覧）.

BREITLING （https://www.breitling.com/ch-en/partnerships/ocean-conservancy/, 2020
　　年 8 月 10 日閲覧）.

"Ocean Conservancy"（https://oceanconservancy.org/, 2020 年 8 月 10 日閲覧）.

"SHISEIDO　BULE　PROJECT"（https://brand.shiseido.co.jp/shiseidoblueproject.html,/,
　　2020 年 8 月 10 日閲覧）.

"World Surf League"（https://www.worldsurfleague.com/, 2020 年 8 月 10 日閲覧）.

"WSL PURE"（https://www.worldsurfleague.com/pure, 2020 年 8 月 10 日閲覧）.

成瀬和弥

第**8**章　文化・観光政策におけるスポーツ

はじめに

　2011年6月に制定されたスポーツ基本法の前文には，「スポーツは，世界共通の人類の文化である」と宣言されており，スポーツも文化のひとつということができる．スポーツは，祭や神事などがルーツであるものも数多く存在し，その地域の風習や文化とも密接に関わっている．例えば，サッカー（アソシエーション・フットボール）は，イングランドで中世から行われていたボールゲームである「フットボール」が源流であるといわれている [Wahl 1990: 邦訳 16]．「フットボール」は，明文化されたルールはなくその土地やコミュニティに伝わる「しきたり」に基づいて行われており，宗教的な意味やコミュニティの儀式としての性格も有していたという [Wahl 1990: 邦訳 16]．また，日本においても，相撲や柔道，剣道などの武道は，日本の伝統文化とも密接に関わっている．

　世界中にはさまざまなスポーツが存在しているが，その多くは他者と競い合い，勝敗を決するものである．例えば，100メートル走やマラソンは，「速さ」で勝敗を決め，サッカーやバスケットボールは，ゴール数で勝敗を決める．そのようななかで，アーティスティックスイミングや新体操，フィギュアスケートなどは採点競技とも呼ばれ，技術の難易度や完遂度といった技術的な評価とともに，音楽の解釈や演技構成などといった芸術的な評価も行われる．つまり，芸術的な要素が勝敗を決する判断基準のひとつとなっているスポーツも存在している．一方，日本では，バレエやモダンダンスは，「スポーツ」ではなく「芸術」の範疇として扱われることが多いが，これらは高い身体能力が求められ，日々のフィジカルトレーニングは欠かせない．日本では，スポーツ政策と文化政策は担当する組織がそれぞれ別々に存在し展開されてきた．しかし，スポーツと文化や芸術は，親和性が高い関係にあり，容易に分け隔てることが難しいこともある．

　また，文化や芸術，スポーツと関係が深い政策分野のひとつに観光がある．2000年代に入り，観光が政府の主要な課題のひとつとして取り上げられるようになった．訪日外国人旅行者数を2020年までに4000万人にするとの目標が

設定されるなど観光立国に向けた施策が推進されている［観光立国推進基本計画 2017：12］．文化，芸術やスポーツを観光の資源ととらえ，それ自体を推進するとともに同時に観光にもつなげていくという取組みである．スポーツは，これからの観光を発展させる上で重要な要素のひとつとなっている．

　そこで本章では，文化政策や観光政策でスポーツがどのように位置づけられているか概観するとともに，スポーツと文化，観光の望ましい関係性について探っていきたい．

1　国における文化，スポーツおよび観光の位置づけ

（1）　文化政策，スポーツ政策および観光政策の組織

　国において，文化とスポーツは両者とも文部科学省が担当することとなっている．文部科学省設置法第 3 条には，「文部科学省は，教育の振興及び生涯学習の推進を中核とした豊かな人間性を備えた創造的な人材の育成，学術の振興，科学技術の総合的な振興並びにスポーツ及び文化に関する施策の総合的な推進を図るとともに，宗教に関する行政事務を適切に行うことを任務とする」とある（下線は筆者による）．さらに同法第 13 条には，文部科学省の外局として，文化庁とスポーツ庁を設置することが規定されている[1]．この規定から，文化を所管するのが文化庁，スポーツを所管するのがスポーツ庁であるということができる．文化庁とスポーツ庁は，文部科学省の外局としてそれぞれ位置づいているわけだが，その歴史は文化庁の方が古い．文化庁は，1968 年 6 月に文部省文化局と文化財保護委員会が統合され，文部省の外局として設置された．一方，スポーツ庁は，2015 年 10 月に文部科学省スポーツ・青少年局の体育・スポーツを担当する部署を中心に改編され設置された．文化庁は，スポーツ庁よりも 50 年近く長い歴史を有している．

　観光に関しては，観光庁が所掌することとなっている．観光庁は 2008 年 10 月に，国土交通省の外局として設置された．観光庁は「観光立国の実現に向けて，魅力ある観光地の形成，国際観光の振興その他の観光に関する事務を行うこと」が任務とされている．そもそも日本において，観光振興が政府の主要課題として本格的に取り上げられたのは，2003 年度からである［松岡 2013：48］．小泉純一郎内閣総理大臣（当時）が，2003 年 1 月に行った施政方針演説において，訪日外国人旅行者数を 2010 年に 1,000 万人に増やすとの目標を示し，観

光立国に向けて舵を切った．そして 2003 年 9 月には，観光立国担当大臣が創
設され，石原伸晃国土交通大臣（当時）が兼務することとなり，より重点的に施
策が展開されるようになったのである．

（2） 文化庁，スポーツ庁および観光庁の所掌事務

　行政組織は自由に思うままに活動できるわけではなく，担当する事務内容は
すべて法令で規定されている．そこでそれぞれの分野の法律から，担当する事
務内容についてみていこう．

　文部科学省設置法第 18 条では，「文化庁は，文化の振興及び国際文化交流の
振興を図るとともに，宗教に関する行政事務を適切に行うことを任務とする」
とあり，文化庁が文化政策を担当することとなっている．文化庁の所掌事務は，
同法第 19 条に規定されている．文化庁が担当する事務は，文化を振興するこ
とや文化財の保存・活用，劇場や美術館などの文化施設に関することなど文化
全般に関わることだけではなく，著作権や宗教，国語に関する事務なども担当
することとなっており，その業務は多岐にわたる．また，学校における芸術に
関する教育の基準の設定に関する事務も文化庁が担当することとなっている．

　そもそも文化芸術政策の「文化」や「芸術」とは一体どのように定義される
のであろうか．政策を遂行するためには，その対象を明確にしなければならな
い［枝川 2015：50］．上述の文部科学省設置法では，文化や芸術に関する明確な
定義は確認できないが，1949 年 5 月に公布された文部省設置法には，「文化」
に関する定義が規定されていた[2]．同法第 2 条 1 項第 2 号には，「「文化」とは，
芸術及び国民娯楽，国宝，重要美術品，史跡名勝天然記念物その他の文化財，
出版及び著作権並びにこれらに関する国民の文化的生活向上のための活動をい
う」と規定されていた．つまり，すでに廃法となっているが，文部省設置法か
らは，政策対象としての「文化」とは，具体的には，芸術，国民娯楽，文化財，
出版，著作権などが想定されていることがわかる．

　また，文化芸術基本法では，文化芸術を「芸術」，「メディア芸術」，「伝統芸
能」，「芸能」，「生活文化」，「国民娯楽」，「出版物等」及び「文化財等」に分類
している．さらに，同法では，「芸術」は，文学，音楽，美術，写真，演劇，舞
踊そのほかの芸術と例示されており，「メディア芸術」は，映画，漫画，アニメ
ーション及びコンピュータその他の電子機器等を利用した芸術とされている．
さらに，「伝統芸能」は雅楽，能楽，文楽，歌舞伎，組踊その他の我が国古来の

伝統的な芸能，「芸能」は講談，落語，浪曲，漫談，漫才，歌唱その他の芸能（伝統芸能を除く），「生活文化」は茶道，華道，書道，食文化その他の生活に係る文化，そして「国民娯楽」は囲碁と将棋その他の国民的娯楽と説明されている．これらの規定から，舞踊は芸術の範疇であることがわかる．このように，文化および芸術は法律によって，その対象となるものが明確化されているが，その範囲は広範にわたっていることが指摘できる．

　では，スポーツ庁の任務や所掌事務はどのようになっているのであろうか．文化庁と同様，文部科学省設置法にその内容が定められている．文部科学省設置法第 15 条には，「スポーツ庁は，スポーツの振興その他のスポーツに関する施策の総合的な推進を図ることを任務とする」とあり，同法第 16 条にスポーツ庁の所掌事務が規定されている．スポーツ庁はスポーツの基本的な政策の立案や競技水準の向上などスポーツに関する事務を担当するとともに，学校における体育および保健教育の基準の設定に関する事務も行うことになっている．

　観光庁の所掌事務は，国土交通省設置法第 44 条にその内容が規定されている．観光庁は国際観光に関する施策の基本的な政策の企画や観光の振興など，国内居住者のための国内観光だけでなく，訪日外国人旅行者を対象とした観光を含めたさまざまな観光政策を担うこととされている．

　このように文化庁，スポーツ庁，観光庁の任務は法令によって明確に規定されている．つまり，文化，スポーツ，観光は，それぞれ縦割りで個別の庁が設置されて事務が遂行されている．しかしその内容が示すとおり，抽象的な表現も多く，重複する部分や様々な政策分野と近接する業務が生じている．例えば，「国際文化交流の振興に関すること」は，文化庁とスポーツ庁の両者の所掌事務に記載されている．そのような場合は，条文内で「スポーツの振興に係るものに限る」や「外交政策に関するものを除く」などの但し書きが付され，重複することが避けられるよう配慮されている．ただ，実際の政策実施の場面では，明確な境界線を引くことが困難な場合もある．

2 ▶ 文化，スポーツおよび観光に関する基本法

（1）　文化政策，スポーツ政策，観光政策の理念

　文化，スポーツ，および観光にはそれぞれ基本法が制定されている．文化に関しては 2017 年 6 月に成立した「文化芸術基本法」，スポーツに関しては 2011

年6月に成立した「スポーツ基本法」，観光に関しては2006年12月に成立した「観光立国推進基本法」がそれにあたる．これらの法律は，すべて議員立法であるが，そもそも基本法とはどのような法律なのであろうか．参議院法制局は，基本法とは「国政に重要なウェイトを占める分野について国の制度，政策，対策に関する基本方針・原則・準則・大綱を明示したもの」と解説している[4]．しかし，基本法という名のつかない法律にもこのような内容を有したものもあり，明確な定義とまではいえない．塩野［2007：2］も基本法については「法令上の定義規定は存在しない」と指摘しているが，基本法と名のつく法律には，ある程度共通する特色があるという．塩野［2007：4-9］が指摘する基本法の特色は，① 啓蒙的性格，② 方針的性格，③ 計画法的性格，④ 省庁横断的性格，⑤ 法規範的性格の希薄性の5点である．そこで本章の趣旨を踏まえて，「啓蒙的性格」，「計画法的性格」，「省庁横断的性格」という3点に焦点を当てて，各基本法をみていこう．

　まずは，啓蒙的性格についてである．啓蒙的性格とは，基本法の多くには，国民に向けてその分野の政策の理念や意義が前文や目的といった箇所に示されているということである．では，それぞれの基本法ではどのような理念が示されているのであろうか．文化芸術基本法の前文では，文化芸術は，「人々の創造性をはぐくみ，その表現力を高めるとともに，人々の心のつながりや相互に理解し尊重し合う土壌を提供し，多様性を受け入れることができる心豊かな社会を形成するものであり，世界の平和に寄与するものである．更に，文化芸術は，それ自体が固有の意義と価値を有するとともに，それぞれの国やそれぞれの時代における国民共通のよりどころとして重要な意味を持ち，国際化が進展する中にあって，自己認識の基点となり，文化的な伝統を尊重する心を育てるもの」とされた．文化芸術は，それ自体が固有の意義と価値を有していると宣言するとともに，多様性を認め合う社会を築き，世界平和にも貢献するなどそれぞれの国や時代における国民にとって重要な意味を持つものとされたのである．

　なお，初めての文化芸術独自の基本法が制定されたのは，2001年11月である．法律の名称は，「文化芸術振興基本法」であった．その後，2017年6月に「文化芸術振興基本法の一部を改正する法律」が公布，施行され，「文化芸術振興基本法」から「文化芸術基本法」に名称が改められ，法改正が行われたのである．文化庁によると，この法改正の背景として第一に，「少子高齢化・グロ

ーバル化の進展など社会の状況が著しく変化する中で，観光やまちづくり，国際交流等幅広い関連分野との連携を視野に入れた総合的な文化芸術政策の展開がより一層求められる」ようになってきたこと，第二に「2020年に開催される東京オリンピック・パラリンピック競技大会は，スポーツの祭典であると同時に文化の祭典でもあり，我が国の文化芸術の価値を世界へ発信する大きな機会であるとともに，文化芸術による新たな価値の創出を広く示していく好機」でもあることが挙げられた[5]．つまり，2020年東京オリンピック・パラリンピック競技大会（以下，東京2020）の開催を，文化政策をより一層推進させる機会として捉え，これからの文化政策は幅広い関連分野と積極的に連携する方針であるという方向性が示されたのである．

　スポーツ基本法では，前文でスポーツは「世界共通の人類の文化」であり，「スポーツを通じて幸福で豊かな生活を営むことは，全ての人々の権利」であるとされた．また2条1項でも，前文と同様に，スポーツを通じて幸福で豊かな生活を営むことは人々の権利であることが確認された．齋藤［2011：19］は，スポーツ基本法が「日本においてはじめてスポーツ権を実定法条規定し，これを権利として宣言したものであり，その歴史的意義は極めて高い」と指摘している．さらに前文では，スポーツは「心身の健全な発達，健康及び体力の保持増進，精神的な充足感の獲得，自律心その他の精神の涵養等のために個人又は集団で行われる運動競技その他の身体活動」であり，「今日，国民が生涯にわたり心身ともに健康で文化的な生活を営む上で不可欠のもの」であるとされた．これらの規定は，憲法25条で生存権として保障されている健康で文化的な生活を送る上で，スポーツが不可欠な要素に含まれることを意義づけるものである［齋藤2011：21］．このように，スポーツ基本法では，スポーツは我々の生活を健康や文化の面などから豊かにするなくてはならないものであり，スポーツは単なる肉体の筋肉活動ではなく，多様性を持った文化的な活動であることが示されたのである．

　観光立国推進基本法では，前文において，観光は「国際平和と国民生活の安定を象徴するものであって，その持続的な発展は，恒久の平和と国際社会の相互理解の増進を念願し，健康で文化的な生活を享受しようとする我らの理想」と定められた．観光は国際平和と国民生活の安定の象徴であるという文言は，新型コロナウィルスの蔓延により，あらゆる移動が制限された昨今の世界中の国々の状況を鑑みると，まさに核心をついたものであるということができる．

さらに，観光は「地域経済の活性化，雇用の機会の増大等国民経済のあらゆる領域にわたりその発展に寄与するとともに，健康の増進，潤いのある豊かな生活環境の創造等を通じて国民生活の安定向上に貢献するものであることに加え，国際相互理解を増進するもの」として観光産業の重要性も指摘された．観光立国の実現は，21世紀の日本の経済社会の発展のために不可欠な重要課題のひとつとなっており，その方向性を指し示したものといえる．また，観光は健康増進にも寄与することが示されるなど，ただ観光地をめぐる旅行だけではなく，健康増進を目的としたヘルスツーリズムなど多様な観光のあり方も意図していることがわかる．それぞれの基本法では，文化，スポーツ，観光は社会にとって重要な意味を持つものとして明確に位置づけられ，より一層の発展が望まれることが示された．

（2） 文化政策，スポーツ政策および観光政策の行政計画

次に，計画法的性格についてみていこう．これは，ほとんどの基本法で国に行政計画の策定を義務付けているということである．基本法で示された理念や方針の具体化の手段として，計画の策定が位置付けられているということもできよう．文化芸術基本法では第7条で，「政府は，文化芸術に関する施策の総合的かつ計画的な推進を図るため，文化芸術に関する施策に関する基本的な計画（以下，「文化芸術推進基本計画」）を定めなければならない」とされた．スポーツ基本法では第9条で，「文部科学大臣は，スポーツに関する施策の総合的かつ計画的な推進を図るため，スポーツの推進に関する基本的な計画（以下，「スポーツ基本計画」）を定めなければならない」とされた．観光立国推進基本法においても，第10条で「政府は，観光立国の実現に関する施策の総合的かつ計画的な推進を図るため，観光立国の実現に関する基本的な計画（以下，「観光立国推進基本計画」という）を定めなければならない」とされた．文化芸術推進計画と観光立国推進計画は政府が定めることとなっており，スポーツ基本計画は文部科学大臣が定めることとなっている．政府が計画を策定する場合，閣議決定という形をとる．閣議は閣僚全員の出席が義務付けられており，閣議決定は全閣僚が合意しなければならない．そのため，省庁の枠組みを超えた政府全体の方針という意味合いがより強いということが推察できる．では，2020年4月現在運用されている文化芸術推進計画および観光立国推進計画のなかで，スポーツはどのように位置づけられているのであろうか．

文化芸術推進基本計画（第1期）は 2018 年 3 月に閣議決定され，5 年間（2018
～2022 年度）の文化芸術政策の基本的な方向性が示された．まず計画全体を通
して，東京 2020 の開催を念頭においていることが指摘できる．同計画では，
東京 2020 は「スポーツの祭典であると同時に文化の祭典でもある」として［文
化芸術推進基本計画 2018：1］，オリンピック・パラリンピック競技大会の開催を
日本の文化芸術を世界に披露する好機として捉え，文化プログラムなど様々な
施策が計画された．また，この他にも「今後 5 年間に講ずべき文化芸術に関す
る基本的な施策」のひとつとして，「スポーツ文化ツーリズム」という施策が
示された．この施策は，文化庁，スポーツ庁および観光庁の 3 庁が協力して，
スポーツツーリズムと文化芸術を融合させた取組みである．つまり，文化芸術
推進基本計画の中でスポーツは，文化政策として位置付けられていることがわ
かる．
　観光立国推進基本計画は，2017 年 3 月に閣議決定され，4 年間（2017～2020
年度）の観光立国の実現に向けた取組みの方向性が示された．観光立国推進基
本計画においても，文化計画と同様，東京 2020 の開催を機に，観光をさらに
盛り上げるという方向が示された．同計画では，「国際競争力の高い魅力ある
観光地域の形成」をするための施策として，「2020 年東京オリンピック・パラ
リンピック競技大会及び大会後のレガシー創出に向けた文化プログラムの推
進」，「スポーツツーリズムの推進」，「マリンレジャーを活用した地域観光の振
興等」，「農山漁村の地域資源の活用支援」，「ヘルスツーリズムの推進」などス
ポーツに関連する施策が示された［観光立国推進基本計画 2017：25-30］．このよう
に，文化政策および観光政策では，スポーツが取り入れられているとともに，
東京 2020 の開催をそれぞれの政策分野の飛躍の機会として，施策を展開しよ
うと計画されていたことがわかる．

（3）　文化政策，スポーツ政策および観光政策の省庁横断的性格

　最後に，省庁横断的性格についてみていこう．省庁横断的とは，縦割りの個
別省庁だけで事務処理が完結するのではなく，他分野の省庁とも連携しながら，
事務を行っていくことである．文化芸術基本法第 2 条第 10 項には，「文化芸術
に関する施策の推進に当たっては，文化芸術により生み出される様々な価値を
文化芸術の継承，発展及び創造に活用することが重要であることに鑑み，文化
芸術の固有の意義と価値を尊重しつつ，観光，まちづくり，国際交流，福祉，

教育, 産業その他の各関連分野における施策との有機的な連携が図られるよう配慮されなければならない」とあり, 第36条では, 「政府は, 文化芸術に関する施策の総合的, 一体的かつ効果的な推進を図るため, 文化芸術推進会議を設け, 文部科学省及び内閣府, 総務省, 外務省, 厚生労働省, 農林水産省, 経済産業省, 国土交通省その他の関係行政機関相互の連絡調整を行うものとする」と定められた (下線は筆者による). 文化芸術振興基本法から文化芸術基本法に改正されるにあたって, より幅広い分野の施策が文化芸術の範囲に取り入れられることとなり, 国や地方公共団体の政策対象となる「文化」の射程が拡大されたわけだが, 文化芸術基本法では, 様々な省庁と連携して文化芸術政策を一体的に推進していく方向性が示されたといえる.

スポーツ基本法では, 第7条で「国, 独立行政法人, 地方公共団体, 学校, スポーツ団体及び民間事業者その他の関係者は, 基本理念の実現を図るため, 相互に連携を図りながら協働するよう努めなければならない」とあり, 第30条でも, 「政府は, スポーツに関する施策の総合的, 一体的かつ効果的な推進を図るため, スポーツ推進会議を設け, 文部科学省及び厚生労働省, 経済産業省, 国土交通省その他の関係行政機関相互の連絡調整を行うものとする」と定められた (下線は筆者による). 文化芸術政策と同様, スポーツ政策でも他省庁との連携の方針が示された.

観光立国推進基本法第2条第4項では, 観光産業は「多様な事業の分野における特色ある事業活動から構成され, 多様な就業の機会を提供する」ことなどによって, 国や地域の経済社会で重要な役割を担っており,「国, 地方公共団体, 住民, 事業者等による相互の連携が確保されるよう配慮されなければならない」と規定された (下線は筆者による).

このように, 文化, スポーツ, 観光のすべての基本法において, 分野横断的な取組みを進めることが条文で規定されていた. 特に, 文化では文化芸術推進会議を, スポーツではスポーツ推進会議を政府が設置することとなっており, それぞれの省庁の担当者が参加し, 情報共有等の機会が設けられていた.

3 文化政策, 観光政策におけるスポーツ

（1） 文化政策におけるスポーツ

では実際に, 文化政策や観光政策の事業では, スポーツはどのように扱われ

ているのであろうか．まずは，文化政策におけるスポーツについてみていこう．

　文化庁では創立50周年を迎えた2018年ころから，文化庁の機能強化や京都移転に向けて，様々な改革が行われてきた．そのきっかけのひとつが，東京2020の開催であった．一見，無関係とも思えるスポーツと芸術は，歴史的にも古くから関係している．古代ギリシャで行われていた古代オリンピックにおいて，アスリートが躍動する姿は彫刻などで表現されていた．円盤投げ（デキスコボロス）の姿をとらえた彫刻は，傑作としてあまりにも有名である．近代オリンピックでも，1912年の第5回ストックホルム大会から「芸術競技」が実施された．これは，建築，彫刻，絵画，音楽，文学の5部門で作品を採点して順位を決めるという競技である．スポーツの競技と同様，1位から3位までの作品の作者にそれぞれ金メダル，銀メダル，銅メダルが授与された．この芸術競技は1948年の第14回ロンドン大会まで続けられ，その後は，「芸術展示」，「文化プログラム」などに変更されるが，現在でも国際オリンピック委員会（IOC）は，オリンピック・ムーブメントの三本柱のひとつに文化を掲げており，オリンピックにおいて，文化は欠かせない重要な要素なのである．

　オリンピック憲章［2019：66］には，大会組織委員会は「少なくともオリンピック村の開村から閉村までの期間，文化イベントのプログラムを催すものとする」と規定されており，この文化イベントのプログラムは，「文化プログラム」と称されて開催都市を中心に展開される．そして，東京2020の文化プログラムの主要な実施主体の1つが文化庁なのである．文化庁は，2020年度当初予算でも，「2020年東京大会以降へのレガシー創出に特に資する文化プログラム関係経費」として，94億200万円を計上している．

　東京2020の文化プログラムは大きく2つに分けることができる．第一に「東京2020文化オリンピアード」であり，第二に「beyond2020」である．「東京2020文化オリンピアード」はオリンピック憲章に基づいて行われる公式の文化プログラムであり，「beyond2020」はオリンピック・パラリンピック開催後を見据えて，社会に実りあるレガシーを遺していくことを企図したプログラムである．オリンピック憲章に基づいたプログラムではないため，オリンピックやパラリンピックという用語や大会エンブレム，オリンピックシンボルなどは使用することができない．

　「東京2020文化オリンピアード」は，「東京2020公認文化オリンピアード」と「東京2020応援文化オリンピアード」の2つから構成される．公認文化オ

リンピアードの実施主体は限られており，組織委員会，国，開催都市，会場所在地方公共団体，公式スポンサー，日本オリンピック委員会，日本パラリンピック委員会のみである．公認文化オリンピアードのプログラムには，「文化オリンピアード」という文字と大会エンブレムが入ったロゴマークが使用できる．「東京 2020 文化オリンピアード」のコンセプトは，「日本文化の再認識と継承・発展」「次世代育成と新たな文化芸術の創造」「日本文化の世界への発信と国際交流」「全国展開によるあらゆる人の参加・交流と地域の活性化」の 4 点である．文化庁は，国の行政機関であるため，公認文化オリンピアードを実施することができ，実際に，日本庭園や寺社仏閣で英語の字幕を付けた落語を上演する「ジパング笑楽座」など様々な公認の文化プログラムを展開している．一方，応援文化オリンピアードの実施主体は，会場所在地以外の地方公共団体，独立行政法人を含む非営利団体であり，大会エンブレムは入っていないが，「文化オリンピアード」という文字が入ったロゴを使用することができる．

　「beyond2020」は日本独自の文化プログラムであるともいえる．そのため，「beyond2020」の実施主体は，「東京 2020 文化オリンピアード」の実施主体に加え，営利・非営利を問わず様々な団体が実施できる．つまり，東京 2020 のスポンサーではない企業も参加可能となっている．この「beyond2020」を統括する役割を文化庁が担っているのである．

（2）　観光政策におけるスポーツ

　観光庁では，観光地づくりや観光産業の高度化を目指した施策などを展開しているが，プロスポーツや地域のスポーツイベントといったスポーツの資源を観光資源ととらえ，スポーツを用いた新たな観光（スポーツツーリズム）を推進している．2011 年 6 月には，スポーツ・ツーリズム推進連絡会議が「スポーツツーリズム推進基本方針～スポーツで旅を楽しむ国・ニッポン～」[8]を提出した．この方針では，スポーツには，「する」「みる」「ささえる」など多様な関わり方があり，スポーツツーリズムを通して，「みる」スポーツや「する」スポーツを観光と結びつけるなどの方策を示した．まさに，2019 年に行われたラグビー－W杯日本大会（以下，ラグビー 2019）や東京 2020 は，「みる」スポーツツーリズムの代表例であろう．ラグビー 2019 によって，2019 年 9 月の訪日外国人数は，前年同月比 5.2％増の 227 万 2900 人となり，W杯出場国を含む欧米豪各国からの訪日客数は前年同月に比べ 7 万 7000 人も増えたという[9]．東京 2020 でも，世界

中からメディアや観客が来日することが想定されていた．しかし，新型コロナウィルスにより，どのような観戦形態が取られるか不明ではあり，日本の観光振興に与える影響は甚大であろう．しかし，スポーツツーリズムは，スポーツツーリズム推進基本方針で示されたように「みる」スポーツだけではない．「する」スポーツも観光資源となる．例えば，北海道ニセコ町のスキーや群馬県みなかみ町のラフティングなどのアウトドアスポーツには，外国人観光客が多数参加している．これらの事例は，まさに「する」スポーツが観光資源となる事例といえるだろう．

　また，スポーツツーリズム以外でもスポーツは活用されている．名所や旧跡といったいわゆる観光地を巡るものから，近年では，体験型の観光が重視されてきた．例えば，農山漁村地域で自然やその土地の文化，生活を楽しむグリーン・ツーリズムなどが推進されている．また，自然豊かな地域を訪れ，その自然や温泉，料理等を楽しみ，心身ともにリフレッシュし健康を回復，保持増進させることを目的とした健康増進型の観光といった新たなスタイルも注目されている．日本では古くから湯治の文化があり，温泉地などを利用して，健康増進を目指した観光は受け入れられやすい土壌ではあると思われる．

　例えば，山形県上山市では，「上山型温泉クアオルト事業」を実施している[10]．この事業は，上山市の気候や自然環境，食文化などを生かして，市全体を滞在型の健康保養地にするという取組みである．具体的には，蔵王高原坊平などにドイツのミュンヘン大学が認定したウォーキングコースを設置し，毎月ウォーキングイベント等を開催している．また，2022年には，温泉健康施設を開館予定であり，まさに健康増進を目指した取組みといえる．

　さらに，国土交通省が中心となって「GOOD CYCLE JAPAN」という事業も展開している．2016年12月に「自転車活用推進法」が制定されたが，これは自転車の利用を規制することが目的ではなく，自転車の利用を安全に配慮しながら促すことを目的とした法律である．この法律に基づき，2018年6月には，「自転車活用推進計画」が閣議決定され，国が地方公共団体や企業等と連携しながら，自転車の活用を進めることとなった．GOOD CYCLE JAPANの具体的な事業は，「サイクル健康」や「サイクル観光」などがある[11]．自転車の日常使いやサイクルスポーツを振興することで健康づくりを推進したり，サイクリング大会やサイクリングコースを観光資源として，観光を推進したりする取組みである．このように，観光庁は新しい観光（ニューツーリズム）の推進に力を入れ

表 8-1　スポーツ文化ツーリズムアワードの受賞一覧

	イベント	受賞団体
2019 年度	日光国立公園マウンテンランニング大会（スポーツ文化ツーリズム賞　入賞）	日光トレイルランニング実行委員会
	剣道体験ツアー　SAMURAI TRIP（スポーツ文化ツーリズム賞　入賞）	剣道体験ツアー SAMURAI TRIP
	魚沼国際雪合戦大会（スポーツツーリズム賞　入賞）	小出雪まつり実行委員会
	白山ジオトレイル（スポーツツーリズム賞　入賞）	白山ジオトレイル実行委員会
	忍びの里「伊賀」ならではの本物の忍びの「心技体」を体現できる体験プログラムづくり（文化ツーリズム賞　入賞）	「忍びの里　伊賀」創生プロジェクト会議
	「めぐる，たべる，つかる」ONSEN・ガストロノミーツーリズムで地域を元気に！（文化ツーリズム賞　入賞）	一般社団法人 ONSEN・ガストロノミーツーリズム推進機構
2018 年度	カヤックで農業用水路を下る！「イデベンチャー」（マイスター部門　入賞）	NPO 法人　きらり水源村
	国際スポーツ雪かき選手権（マイスター部門　入賞）	一般社団法人　日本スポーツ雪かき連盟
	地域の魅力・文化を引き出しサイクルツーリズムで通年誘客を実現するツール・ド・ニッポン（マイスター部門　入賞）	一般社団法人　ルーツ・スポーツ・ジャパン
	十勝ナイトリバークルージング（チャレンジ部門　入賞）	株式会社　サムライプロデュース
	世界一自由な空へつばさに乗って行こう　南陽は空もバリアフリー　空飛ぶ車椅子体験（チャレンジ部門　入賞）	一般社団法人　山形バリアフリー観光ツアーセンター
2017 年度	おごと温泉を拠点とした世界文化遺産・日本遺産を繋ぐ「おごと温泉・びわ湖パノラマウオーク」（マイスター部門　奨励賞）	びわ湖パノラマウォーク実行委員会
	沖縄に残された最後のフロンティア　南の島の洞窟探検（マイスター部門　奨励賞）	株式会社　南都
	大阪城トライアスロン 2017／NTT ASTC トライアスロンアジアカップ（チャレンジ部門　入賞）	大阪城トライアスロン 2017 大会組織委員会
	日本初！雪上ゴルフ体験ウィンターゴルフ IN 北海道（チャレンジ部門　入賞）	株式会社　ゴルフダイジェスト・オンライン
	小豆島一周サイクリング＆無人島 BBQ（チャレンジ部門　入賞）	香川県土庄町
2016 年度	サイクリストの聖地「瀬戸内しまなみ海道」を核としたサイクルツーリズム（大賞）	瀬戸内しまなみ海道振興協議会
	世界遺産姫路城マラソン（スポーツ庁長官賞）	兵庫県姫路市
	スポーツ流鏑馬大会（文化庁長官賞）	青森県十和田市

注）マイスター部門：過去 3 回以上のイベント開催実績又は 3 年以上継続的な取組であり，国内外の観光客の増加に寄与しているもの．

チャレンジ部門：マイスター部門の応募条件を充足しないが，1 回以上の実施実績がある取組であり，地域への国内外からの観光客の増加効果が期待できるもの．

出所）スポーツ庁 HP から筆者作成．

ており，そこでは，スポーツを活用した事例も増えているのである．

（3） スポーツ文化ツーリズム

　文化庁，スポーツ庁および観光庁が連携・協力した事業もある．2016年3月，文化庁，スポーツ庁，観光庁の3庁が包括的連携協定を結んだ．これまで独自に文化芸術政策，スポーツ政策，観光政策を展開してきたそれぞれの庁が連携することにより，新たな横断的な政策が実現することが期待される画期的な協定である．スポーツと文化，観光を密接に融合させることで，新たな地域ブランドや日本ブランドを確立し，それを世界に発信することで，日本や地域経済の活性化が目指された．具体的な取組みとして，スポーツ文化ツーリズムの推進がある[12]．「スポーツ文化ツーリズムアワード」という施策を2016年度から実施しており，これは，各地域においてスポーツと文化芸術を融合させ，新たな観光資源として地域の活性化を図っている優れた取組みを表彰するものである（表8-1）．

おわりに

　本章では，国の文化政策と観光政策でスポーツがどのように扱われているか解説してきた．最後に，スポーツと文化，観光の望ましい関係について考えていきたい．

　文化政策のなかでは，スポーツは文化のひとつと位置づけられている．しかし，それは必ずしも広く認識されているわけではない．スポーツは単なる筋肉の活動だけではなく，その社会や時代に即して，成立するものである．スポーツの文化的な側面に触れることで，スポーツをより深く理解し楽しむことができる．スポーツの多様な価値を実現するために，スポーツの側から文化政策へのアプローチが必要であると考えられる．また，観光政策のなかでは，スポーツは観光のためのコンテンツという位置づけが強い．スポーツは「する・みる・ささえる」といった様々な関わり方ができる．スポーツのある一面にだけ注目するのではなく，このような多様性を充実させるためには，スポーツの側が観光を積極的に活用する発想も必要であろう．

　上記2点を進めるに当たっては，それぞれの政策分野における主要アクター，政策決定メカニズムなどを理解し，共存共栄（相互依存）関係が築けるようにす

ることが重要である．文化政策および観光政策の目的はスポーツの振興ではなく，文化，芸術や観光の発展である．そうしたなかで，スポーツの本質を維持しながらもその価値や意義を，文化や観光の側により広く伝えるよう努力することも求められる．

　原則として，行政事務は，法令に明記されたものしかできない．スポーツ政策，文化政策，観光政策はそれぞれ独立した組織で行われ，法令によりその業務内容は規定されている．しかし近年，法律や行政計画において，分野横断的な施策を展開する方向性が示されている．社会変化のスピードは著しく，いわゆる縦割りの個別省庁のみで処理する画一的な事務では対応できなくなってきた．縄張り争いのようなどちらかだけが担当するのではなく，それぞれの立場を配慮しながらも，柔軟にかつ的確に，分野横断的な政策の立案・実施が望まれる．もちろん，そこには行政の効率化の面から二重行政との批判もある．この点に配慮しながら，社会課題に即応した取組みが求められる．スポーツと文化，芸術や観光は親和性が高い．スポーツ政策になかで文化，芸術や観光に配慮するとともに，文化芸術政策や観光政策のなかでもスポーツを的確に位置付ける．そうすることによって，新たな政策を生むことができ，それぞれの分野がより発展することが期待される．

注 〉〉〉
1) 外局とは，国家行政組織法により，府または省の管轄事務の一部を担当するため設置された行政機関のことである［政治学事典：157］.
2) 2001 年の中央省庁再編により，文部省と科学技術庁が合併して文部科学省が誕生した際に公布された文部科学省設置法には，「文化」の定義は確認できない.
3) 津田［1969：8］は，国際観光を「人が自国をはなれて，ふたたび自国へもどる予定で，外国の文物，制度などを視察し，あるいは外国の風光などを鑑賞，遊覧する目的で外国を旅行すること」と定義づけている.
4) 法律の［窓］，「参議院法制局法律の［窓］」(https://houseikyoku.sangiin.go.jp/column/column023.htm/, 2020 年 8 月 18 日閲覧).
5) 文化庁公式 HP (https://www.bunka.go.jp/seisaku/bunka_gyosei/shokan_horei/kihon/geijutsu_shinko/index.html/, 2020 年 8 月 18 日閲覧).
6) オリンピック・ムーブメントの三本柱とは「スポーツ，文化，環境」である.
7) 我が国の文化政策，文化庁［2019］「我が国の文化政策」年 6 月 (https://www.bunka.go.jp/tokei_hakusho_shuppan/hakusho_nenjihokokusho/r01_bunka_seisaku/pdf/r1421859_00.pdf/, 2020 年 8 月 19 日閲覧).
8) 2010 年 1 月に観光立国推進本部が開催した「観光連携コンソーシアム」において，初

めて「スポーツ観光」が採り上げられたことを受け，2010年5月にスポーツ・ツーリズム推進連絡会議が立ち上げられた．この会議のメンバーはスポーツ団体，観光団体，スポーツ関連企業，旅行関係企業，メディア並びに文部科学省，総務省，外務省，経済産業省，厚生労働省及び観光庁などスポーツや観光に関わる様々な団体で構成された．

9）「日経 QUICK ニュース 2019年10月16日付」（2020年9月8日閲覧）．

10）クアオルトとは，ドイツ語で「健康保養地・療養地」という意味である（https://www.city.kaminoyama.yamagata.jp/site/kurort/kuaoruto-top.html/，2020年8月17日閲覧）．

11）GOOD CYCLE JAPAN 公式 HP（https://www.mlit.go.jp/road/bicycleuse/good-cycle-japan/about/，2020年8月18日閲覧）．

12）文化庁公式 HP（https://www.bunka.go.jp/shinsei_boshu/kobo/1420170.html/，2020年8月18日閲覧）．

参考文献 》》》

〈邦文献〉

猪口孝・大澤真幸・岡沢憲芙・山本吉宣・リード，S. R. 編［2000］『政治学事典』弘文堂．

枝川明敬［2015］『文化芸術への支援の論理と実際』東京藝術大学出版会．

観光庁［2017］『観光立国推進基本計画』．

塩野宏［2008］「基本法について」『日本学士院紀要』63(1)．

文部科学省［2012］『スポーツ基本計画』．

津田昇［1969］『国際観光論』東洋経済新報社．

松岡亮［2013］「観光立国に向けた取組と課題」『立法と調査』342号 48-62．

国土交通省［2018］『自転車活用推進計画』．

日本スポーツ法学会編［2011］『詳解スポーツ基本法』成文堂．

文化庁［2018］『文化芸術推進基本計画』．

〈欧文献〉

Wahl, A.［1990］*La balle au pied: Histoire du football*, Paris: Gallimard（遠藤ゆかり訳『サッカーの歴史』創元社，2002年）．

小林　塁

第9章　放送政策におけるスポーツ

はじめに

　スポーツ放送は，スポーツの価値をあまねく広く普及する手段として，国民へ多大な影響をもたらしている．特に，オリンピックやラグビーワールドカップのような国民的行事を扱うメガイベント放送に関しては，多くの公共電波網と公共予算（NHK 受信料）を使用する関係上，その意思決定は放送政策の下，民主的な仕組みに則って行う必要があり，政策形成には国民的関心を高めることが求められる．一方で，メガイベント放送に関しては，放送の市場原理がもたらす放映権料の高騰問題やメディアのオーナーシップによるルール改正の問題が生じることから，スポーツ放送がスポーツの振興の妨げとなってしまう場合がある．こうした状況において，スポーツと放送の問題が日本で議論される機会は極めて少なく，放送政策の分野においてもスポーツ放送の問題は顕在化されない．この点は，スポーツメディア産業が盛んなアメリカやイギリスといった諸外国の仕組みと比べても異例である．諸外国においては，メディア政策の観点からスポーツの問題が議論されることがあり，そのことが結果としてスポーツ種目の普及やスポーツ文化の形成に寄与している．つまり，放送政策を通してスポーツのあり方を考えることは，スポーツ振興を包括的かつ複合的に推進させる契機となり，何よりもこの問題は，2021 年（令和 3 年）の東京オリンピック・パラリンピック（以下，東京 2020）開催を迎える日本において，喫緊の課題であると考えられる．以上から，本章では，放送とスポーツの動向を概観した上で，公益に寄与するスポーツ放送の民主的な議論の枠組み，すなわち放送政策におけるスポーツのあり方について考察する．

1 ▶ 日本の放送政策の動向

（1）放送政策の概要

　日本の放送政策は，電波の公共性を前提としており，そこには，電波が限られた資源であり共通財産であるという認識が存在する．本来，放送に適する電[1)]

波の周波数は限られているため，その配分を誤ると混信が生じて快適な視聴が不可能になる［川端 2019：4］．それゆえに，ある程度以上の強さを有する電波の利用については公共財の利用と捉えられることから，放送は政府による管理対象とされている．この管理対象には，公共放送である日本放送協会（以下，NHK）だけでなく民間放送会社も含まれている．その理由は，民間放送会社も社会的影響力の高い公共電波網を使用する点にある．さらに，この公共電波を使用する放送は，表現の自由，知る権利の関係から，誰がどのように決定するかを慎重に考える必要があり，政策形成には国民的関心を高めることが求められる．以上から，放送政策には「高度な公共性」[2]が希求されるのである．

　放送政策を監理する主体は総務省であり，その目的は，「情報の電磁的方式による適正かつ円滑な流通の確保および増進，電波の公平かつ能率的な利用の確保および増進」［総務省設置法 第二項］にある．近年の放送政策に鑑みると，政策目標の中心に事業レベルの内容が据えられることも多い．そもそも，現在の総務省においては，情報通信政策の中に放送政策が位置付けられているため，専門的な情報通信政策の中に包括的な放送政策が存在するという極めて入り組んだ構造となっている．それを踏まえて，総務省の HP に記載されている放送政策を，「政策」，「施策」，「事業」の観点から区分すると，政策は「新しい放送サービス・機器の登場及び魅力ある地域情報の発信」であり，施策は，「今後の放送の市場及びサービスの可能性の拡大」，「視聴者利益の確保」，「放送における地域メディア及び地域情報の確保」，「公共放送の課題解決」の４点が代表的である．さらに事業は，「4K・8K テレビの普及事業」，「地上基幹放送等に関する耐災害性強化支援事業」，「地上波デジタル放送推進事業」といった内容が中心である．

（2）　放送政策の変遷

　放送政策は，放送法の改正と共に変遷してきた．放送法には，放送の不偏不党，自主自律，地理的普遍性の３点を担保するという前提が存在する．この前提に立ち，日本の放送政策は逓信省，郵政省・電気通信省，総務省という順に主管官庁が変更・統合されてきた．本章では，時代背景に応じた放送政策の変化を分かりやすく捉えるために，放送政策の形成過程を① 黎明期，② 展開期，③ 確立期の３つに分類した上で，その役割の変遷を論じる．

　まず，放送制度の構想段階から，諸制度の構築までに該当する黎明期（1945

~1960年）である．黎明期における放送政策の主体は，逓信院（1943~1945年）と逓信省（1946~1949年）であるが，実質的には，連合国軍最高司令官総司令部（General Headquarters, the Supreme Commander for the Allied Powers 以下，GHQ）の主導の下で政策形成がなされた．この時期における政策の主な論点としては，放送行政の統治形式（電波監理委員設置）の是非が挙げられる．電波監理委員会は，アメリカの連邦通信委員会（Federal Communications Commission 以下，FCC）を参考に設置された組織であり，電波監理行政と放送行政を一元的に実施する独立した政策機関である[3]．これらを踏まえて，1950年に，放送法，電波法，電波監理委員会設置法の電波三法が成立したが，1952年には，当時の吉田茂内閣によって電波監理委員会が廃止されることとなる[4]．これにより，放送法と電波法の運用権限は，新たに設置される郵政省へと委譲され，この時点で放送政策は行政の管理下に置かれることとなった．これはすなわち，日本の放送政策が，行政による直接統治体制へと転換したことを意味するのである．

次に，放送政策のあり方について，多くの議論が展開された展開期（1960~1990年）である．高度経済成長期へ差し掛かったこの時期は，「放送倫理と放送業者の自立」の問題で激しく議論が展開された放送の変遷の時期でもあった．1957年に，田中角栄郵政大臣によって民間放送会社への追加予備免許が発行されると，それに伴い多くのテレビ局が開局された．民間放送局では，政治・教育・文化・スポーツ・娯楽といった多種多様な放送が展開されたが，その中には残酷・猥褻な表現もあり，それらに対する番組批判が高まった[5]．

さらに，1963年10月には，郵政省が，NHKや日本民間放送連盟，民間放送会社に呼びかけて放送番組懇談会を開催し，放送界としての自主規制機関を設けることで一致した．そして，低俗番組に対する批判を審議するために1965年に放送業者による自主規制機関である「放送番組向上委員会（第1次）」が発足され，「放送業者による放送の自主運営」が進められた．こうして，テレビ番組の適正化は，テレビ局の設置や放送の規制・監督機関のあり方など，テレビに関する制度全般の総合的検討の必要性へと議論が拡大されてゆく［小林2019：7］．それに基づき，放送番組向上委員会（第二次）が1969年1月に発足した．1970年代半ばになると，放送ニューメディアの時代が到来し，テレビやラジオ以外の信号を重ねた多重放送が登場した．これにより，視聴覚障害者の利便増進や番組の質的向上が期待された．そして，郵政省は，1985年に「ニューメディア時代における放送に関する懇談会」を設置し，そこでの審議を基に，

1988 年に放送法改正を実施した．ここでは，NHK の業務整備や放送番組審議会の活性化を図るとともに，受益者保護の観点から有料放送である CS 放送の本格導入を検討した．その翌年には，通信衛星による放送サービスの実現に向けた「受委託放送制度」の導入が開始され，これ以降は「放送と通信の融合」といった放送基盤の強化が放送政策の中心となる．このように，行政主導型でスタートした日本の放送体制も，発展期にさしかかると直接管理体制から間接管理体制へと移行していくのである．

　最後に，放送制度が構築された後の経済成長の流れを経て迎えた確立期（1990〜2020 年）である．1990 年代は，郵政省による放送と通信の融合が推進されるとともに，放送制度の規制緩和，地上波及び BS 放送のデジタル化政策が検討された．さらに，2001 年に郵政省から総務省へと名称が変更，諸機能の統合がなされると，放送政策の質もコンテンツ重視から放送技術・インフラ重視へと転換された．これ以降，総務省は，放送に関する問題を包括的に解決するという意味での放送政策よりも，ハード整備中心の情報通信政策へと確立していく．この情報通信政策中心の傾向は，スポーツ放送にも大きな影響をもたらすこととなる．

（3）　放送政策の現代的課題

　このように，日本の放送政策は，行政主導型から間接主導方式へと移行しながら今日の状況に至っている．これらを踏まえた放送政策の課題としては，①行政による電波の直接監理体制，②総合的な放送政策の欠如，③放送政策へのチェック機能欠如，④国民による放送政策への関心欠如の 4 点が挙げられる．

　1 点目の行政による電波の直接管理体制については，放送法の 4 条と 1 条の矛盾に起因している．特に，現在の放送法第 4 条（国内放送等の放送番組の編集等）の基となった番組準則における「政治的公平」という解釈の矛盾についてである[7]．さらに，放送法第 174 条（政府による番組準則に違反する業者の業務停止）や電波法第 76 条（電波停止）についても，放送法第 1 条「制作者の自主自立」と矛盾するとの批判が多くみられる．このように，放送法上では放送業者の自主自律が規定されているが，実際には総務省が免許や電波を管理しているため，行政が放送メディアを直接統治している状況にあると言えるのである．

　2 点目の総合的な放送政策の欠如については，高度情報化社会の促進による

産業化偏重に起因する．放送の黎明期においては，放送政策の三原則である①国民文化の媒体としての効用と福利の保証，② 不偏不当と自律，③ 健全な民主主義への奉仕及び育成［内川 1989：312］を中心に，法と政策が形成された．しかし，1980 年後半以降の情報産業の発展につれて，放送と通信の融合が促進され，今日では通信政策の下に放送政策が据え置かれる状況となっている．1950 年の放送開始以降，70 年の歴史を経て放送組織や放送インフラも安定したため，包括的な放送政策の必要性が低下したという指摘も存在するが，地域ごとの情報格差問題や NHK の受信料制度の是非など，総務省が最優先で取り組むべき課題は未解決のままである．

　3 点目の放送政策に対するチェック機能の欠如は，アメリカの放送制度と比較するとその差が顕著である．アメリカでは，議会が FCC の予算を審議する．議会上院では，商務・科学・運輸委員会など，下院ではエネルギー・商務委員会の電気通信小委員会などが FCC を監督する仕組みが存在する．なお，イギリス，フランス，ドイツ，韓国などの放送監査機関に関しても，議会への活動報告の義務があり，これによって，放送監査機関の公平性を外部からチェックする仕組みが機能している．他方，総務省においても政策評価制度が導入されているが，例えば近年の放送に関する政策評価項目は，情報通信政策（ICT 政策）の中にある「放送分野における利用環境の整備」のみとなっており［総務省政策評価基本計画（平成 30 年度～34 年度）］，諸外国が実施しているような公共の場における議会監査の仕組みとは異なる．これは，政策に対する正の圧力が欠如している状態と言えるだろう．

　4 点目の国民による放送政策への関心の欠如は，最も深刻なものである．放送政策は，電波や通信といった複雑な情報システムを扱う関係上，電波暗号システムやミクロ経済学などについての高度な専門性が求められるため，政策内容についても通信コンテンツや次世代情報技術に関する専門用語が多用されている．それゆえに，一般市民が複雑な放送政策の内容について関心を抱く機会は少ない．そもそも，放送政策に関する一般市民への世論調査及びアンケート調査が実施されたことは過去に無いため，国民が放送政策に関してどう考えているのかは知る由も無い．つまり，放送政策は，政策に対する国民からの理解が極めて不十分な状況にあると言える．

　これらの課題について，スポーツの分野とも大きく関係するものが，総合的な放送政策の欠如と放送政策へのチェック機能欠如である．次節では，スポー

ツ放送の動向を概観した上で，放送政策におけるスポーツの位置付けについて
述べる．

2 ▶ 日本のスポーツ放送の動向

（1） スポーツ放送の変遷

　日本のスポーツ放送は，戦後のテレビ放送開始とともに発展を遂げてきた[6)]．
1950 年代前半は，朝鮮特需による高度経済成長の影響で日本社会全体の機運
が上昇し始めた時期であり，スポーツ放送もいわば戦後復興を活気づける象徴
として活用された．スポーツ放送の人気が絶頂を迎えるのが 1964 年の東京オ
リンピックである．この東京オリンピックをきっかけとして，スポーツ中継に
関する技術開発が促進され，「カラーテレビ放送」による生中継や「スローモ
ーション・ビデオテープ」による撮影が注目を集めた．加えて，オリンピック
放送の社会的影響力の高さにより，テレビにおける広告効果が増大し視聴率ビ
ジネスを大きく推進させたと言われている．そうした中で迎えた東京オリンピ
ックは，「テレビオリンピック」とも言われ，日本の放送技術の高さを世界に
示したイベントとなった．

　スポーツ放送と放送産業の関係をより密接にしたものとして放映権が挙げら
れる．そもそも，放映権が世界的に注目を浴びるきっかけとなったのは，1984
年のロサンゼルスオリンピックにおいて組織委員会委員長のピーター・ユベロ
スが打ち出した「ロサンゼルス方式」（以下，ロス方式）」である．このロス方式
による放映権ビジネスは，既存の IOC が展開してきた公益性重視のオリンピ
ック運営から収益性重視へと大きく転換する一歩になったと指摘されている
[谷口 1996：66]．

　ロサンゼルスオリンピック以降も，メガイベントを中心にスポーツ放送は発
展を遂げる．放送局は，オリンピックやワールドカップを通じて，テレビ制作
や伝送などのさまざまな場面で最先端の放送技術を駆使してきた．1988 年の
ソウルオリンピックでは，NHK が初のハイビジョンで生中継を実施したこと
により，その後のテレビ映像の技術向上に貢献したと言われている．また，
1990 年代では，オリンピックだけでなくサッカーワールドカップの人気も高
まった．特に，1998 年のサッカーワールドカップフランス大会においては，日
本代表が初出場したということもあり，社会現象にまで発展するほどの注目を

集めた．日本で開催された日韓ワールドカップでは，「通信環境の整備」として，「第3世代携帯電話（IMT-2000）の展開」や「日韓ワールドサッカーに合わせた携帯電話の新サービス」が注目を集め，3G携帯電話の通信環境整備や，共催国である韓国と連携するサービスなどの通信政策が総務省により実施された．また，2021年の東京オリンピック・パラリンピック大会（以下，東京2020）においては，総務省による4K・8Kテレビの推進計画が進められており，そこでは高精細かつ臨場感のある放送の実現が期待されている．

（2） スポーツ放送をめぐる諸問題

　このように，メガイベントともに放送の発展へ寄与してきたスポーツ放送であるが，その社会的影響力の強さから，放送がスポーツ振興にマイナスの影響をもたらす場合も存在する．ここでは，スポーツ放送を取り巻く問題として，放映権料高騰とルール改正及びスケジュール変更の事例を扱う．

　まず，メガスポーツイベントの放映権料高騰問題である．この問題は，日本の放送業者とりわけNHKにとって悩ましい問題と言える．例えば，サッカーワールドカップの放映権料は，放送が開始された1974年の西ドイツ大会以降，50年近くも高騰を続けているが，その放映権料の大半はNHKの受信料という公共財源で賄われている．最近では，2018〜2024年のオリンピック4大会の放映権料として，放送業者からIOCへ計1100億円が支払われ，その約7割以上がNHKの受信料から充当された予算であると言われている．

　NHKの受信料をめぐる問題については，衆議院予算委員会においても，受信料の値下げの検討を求める議論がたびたび展開されている．[7]このような現状にも関わらず，オリンピックやワールドカップに関する巨額の放映権料が受信料から支払われてきたという点について，メディアや行政による議論が展開されないことは極めて問題である．さらに，民間放送会社に関しても，メガイベントに関する放映権料の収支決算は8年連続で赤字報告が日本民間放送連盟からなされており，同連盟の会長も，メガイベントの放映権料を民間放送会社が支払うことはもはや限界であることを認めている．このように，高騰を続けるメガイベントの放映権料は，日本の放送業者全体に大きな負担を与えているのである．

　次に，スポーツ放送とルール改正および競技スケジュールの変更の問題について触れる．これまで，スポーツ業界においては，放送事情によってルールや

スケジュールの改正が行われてきた．例えば，バレーボールでは，放送時間や視聴率の影響から「サイドアウト制」から，「ラリーポイント制」へとルール変更がなされた．これは，サイドアウト制が，テレビ中継にとって非常に不都合な面が多いという理由から，各テレビ局が放映権の放棄を示唆したためである．なぜ，テレビ局にルール改正を要請できる程の力があったのかというと，日本のテレビ局が国際バレーボール連盟のスポンサーであったためである．当時では，大会運営費の大半をテレビ局からの出資で賄っていたため，放送局が非常に大きな影響力を有していたのである．この問題は，オーナシップであるメディアがスポーツ競技の運営に影響を与えた事例として，大きな波紋を呼んだ．

　また，2006年サッカーワールドカップドイツ大会においては，試合時間がテレビ局の事情に合わせて変更されるという事態が生じた．元々，試合中の気温上昇への配慮から，開催時刻は日中ではなく遅い時間がFIFAによって検討されていた．しかし，視聴率向上が期待できるゴールデンタイムの午後10時（日本時間）の方が，テレビ運営にとっては望ましいという理由から，日中での試合実施へと開始時刻が変更されたのである．結果として，選手は，猛暑の時間帯である午後3時（ドイツ時間）から試合を行うこととなり，そのことは競技パフォーマンスへ大きな悪影響を及ぼしたとされている．このように，メディアによってスポーツのルールやスケジュールの変更がなされることは，スポーツの健全な競技実施に悪影響を与え，さらにはスポーツ振興を阻害する要因にも成り得るのである．

（3）スポーツ放送に関わるアクターの把握

　このように，放送は，スポーツに対する一定の恩恵をもたらす一方で，スポーツ振興を阻害する要因でもある．このような状況を生み出す原因としては，各アクター間の目的に相違が生じている場合が考えられる．実際に，スポーツ放送に関する意思決定には，広告代理店やスポンサーなどの関連アクターの意向が重視されることが多々あるが，実際にそれらの関連アクターがどのように意思決定に関わっているのかという点については不明瞭な部分が多い．したがって，ここではその実相を摑むために，スポーツ放送に関わるアクターの現状と課題を分析する．**表9-1**は，スポーツ放送に関わるアクターを整理したものである．

　まず，スポーツの放送業務に関わる中核的アクターには，NHK，民間放送と

表9-1　スポーツ放送に関わる3つのアクター

アクター			
中核的 アクター	放送業者	地上波	NHK
			5大ネットワーク （日本テレビ，TBS，テレビ東京，フジテレビ，テレビ朝日）
		衛星放送	BS（NHK，民間放送5社，WOWOW，スターチャンネル，その他3社）
			CS（スカパーJSAT，スカイA，GAORA，その他7社）
		インターネット放送	DAZN，スポナビライブ
	放送関係組織		日本民間放送連盟
			ジャパンコンソーシアム
関連 アクター	広告代理店		電通（五輪・サッカーW杯・サッカー日本代表・WBC・ラグビーW杯・Jリーグ・Bリーグなど）
			博報堂（Vリーグ）
	行政		総務省情報流通行政局「放送を巡る諸課題の検討会」
			スポーツ庁　スポーツメディア協議会（仮称），スポーツ未来開拓会議
	スポーツ団体		日本オリンピック委員会，日本サッカー協会，日本野球協会，日本ラグビーフットボール協会 日本体育協会，日本相撲協会，日本高等学校野球連盟，全国高等学校体育連盟，日本障がい者スポーツ協会 etc
	企業（東京五輪スポンサー）	The Worldwide Olympic Partners	Coca Cola, Atos, Bridgestone, Dow, GE, Mcdnalds, OMEGA, Panasonic, P&G, SAMSUNG, TOYOTA, VISA
		Gold Partners	Asahi, Asics, Canon, ENEOS, 東京海上日動，日本生命，NEC，NTT，野村証券，富士通，みずほ銀行，三井住友銀行，三井不動産，Meiji, LIXIL
		Official Partners	味の素，Education First Japan, airweave, キッコーマン，KNT-CTホールディングス，JTB，CISCOシステムズ合同会社，SECOM，ANA，ALSOK，大日本印刷，大和ハウス，東京ガス，東京メトロ，TOTO，東武トップツアーズ，TOPPAN，日清食品，日本郵便，JAL，JR東日本，三菱電機，ヤマト運輸，読売新聞，朝日新聞，日経新聞，毎日新聞
第三者 アクター	第三機関		BPO（放送倫理・番組向上機構）
			JARO（日本広告審査機構）
			AC（公共広告機構）

出所）鈴木ほか［2009］をもとに筆者作成．

いった放送業者，関連組織である中央放送審議会，日本民間放送連盟が存在する．放送業者とは，地上波放送や衛星放送を含めた基幹放送業者とCS などの有料放送を含めた一般放送業者，インターネットを利用したテレビ放送，携帯端末向けのワンセグ放送，ケーブルテレビ事業者によるインターネット接続サービスといったネット放送業者である．この放送業者の目的としては，NHKは公共放送であるため，スポーツ振興を第一目的とした放送を目指している．一方，民間放送会社や有料放送会社は必ずしもスポーツ振興を最優先に置いているとは言えない．なぜなら，民間放送であれば視聴率による広告宣伝効果を優先し，有料放送会社であればチャンネル契約者数の増加を念頭に置くことが自然であるからである．

　放送ビジネスに関わる関連アクターには，広告代理店やスポンサーが挙げられる．放送ビジネスとは，広告主であるスポンサー，広告代理店，放送局の三者間で成り立つ市場のことを意味する．こうした放送ビジネスのアクターの機能に関わる問題としては，広告代理店がスポーツ放送の関連アクターの中で大きな機能と権限を有している点が挙げられる．広告代理店の主な業務は，広告枠の確保，広告制作，広告主のブランドマーケティング戦略，イベント立案・実践，広告主の情報・危機管理であるが，スポーツ放送に関しては主に放映権の交渉，スポンサーの斡旋を担っている．スポーツ放送の運営業務に関わる国内の広告代理店は，電通・博報堂 DY メディアパートナーズの2社である．日本最大の広告代理店である電通は，国内外の各種スポーツ団体と長年にわたり強固な関係を維持しており，オリンピックや FIFA ワールドカップに代表される世界的規模のものから市民参加型のスポーツイベントに至るまで多様な権利を獲得・保持する．それゆえに，放送の体制構築には広告代理店が大きな権限を有するのである．

　次に，スポーツ団体について検討する．放送業者と特に強い関係性を築いているスポーツ団体としては，日本オリンピック委員会，日本サッカー協会，日本野球機構，日本バレーボール協会，日本ラグビーフットボール協会，日本スポーツ協会，日本相撲協会，日本高等学校野球連盟，日本陸上競技連盟，全国高等学校体育連盟が挙げられる．日本におけるスポーツ団体と放送を含むメディアの関係性は可変的であり，メディア自身が団体のスポンサーに加入しているか否かによって変化する．スポーツ団体の目的は，スポーツ振興にあるが，スポンサーシップ上の影響から，メディアや広告代理店の目的が優先される場

合が多く存在する.

　最後に，放送内容に関する視聴者層の意見を反映する第三者アクターとして，BPO・日本広告審査機構（以下，JARO）・ACジャパン（旧公共広告機構）がある．これら３つの機関は，放送に関する第三者機関として，中核的アクターである放送業者・放送組織に対する提言を行う役割を有する．BPOの役割・目的は，表現の自由を確保するとともに視聴者の基本的人権を擁護するため，放送上の問題に迅速的確に対応し，正確な放送と放送倫理の高揚に寄与することにある．BPOは日本民間放送連盟，日本民間放送連盟加盟放送局で構成されており，各放送局は３つの委員会の審議・審理に協力するとともに，委員会から放送倫理上の問題を指摘された場合には，具体的な改善策を含めた取り組み状況を一定期間内に委員会に報告し公表している．スポーツ放送に関しても同様に多様な意見が寄せられている［小林 2019：45-47］．

　これらのスポーツ放送に携わるアクターの特徴は次の２点である．１点目は，スポーツ放送ビジネスの構造の中心に広告代理店が存在し，スポーツ放送のアクターの中で最も強い権力を有していること，２点目は，各アクター間において，目的のずれが生じていることである．放送政策の主体である総務省は，放送インフラの推進や次世代放送技術の向上を念頭に，メガイベント放送に関わる政策を実施している．スポーツ振興を担うスポーツ庁やスポーツ団体においては，スポーツ放送を通じたスポーツ種目の認知拡大，参加率の向上，スポーツ文化の普及などを目的としている．そして，最も強い権限を要する広告代理店は，スポーツ産業の推進，スポーツビジネス市場の拡大を目的としている．ここでの問題は，放送会社と広告代理店が，放送市場原理に傾倒しているということであり，この２つのアクターが放送システムを形成している関係上，スポーツ庁やスポーツ団体が期待するスポーツ振興は優先順位が低くなってしまうのである．

　こうした状況を解決するためには，利害関係から生じる圧力に屈しないための，公開された場における政策的な議論枠組みが必要となる．

3　放送政策とスポーツの関係性

（1）　放送政策とスポーツの関係性

ここでは，放送政策において，スポーツ放送がどのようなコンテンツとして

表 9-2　放送視聴率番組　ベスト 10（2020 年度現在）

1	第 14 回 NHK 紅白歌合戦	1963 年 12 月 31 日（火）NHK 総合	81.4%
2	東京オリンピック大会（女子バレー・日本×ソ連　ほか）	1964 年 10 月 23 日（金）NHK 総合	66.8%
3	2002FIFA ワールドカップ TM グループリーグ・日本×ロシア	2002 年 06 月 09 日（日）フジテレビ	66.1%
4	プロレス（WWA　世界選手権・デストロイヤー×力道山）	1963 年 05 月 24 日（金）日本テレビ	64.0%
5	世界バンタム級タイトルマッチ（ファイティング原田×エデル・ジョフレ）	1966 年 05 月 31 日（火）フジテレビ	63.7%
6	おしん	1983 年 11 月 12 日（土）NHK 総合	62.9%
7	ワールドカップサッカーフランス '98 日本×クロアチア	1998 年 06 月 20 日（土）NHK 総合	60.9%
8	世界バンタム級タイトルマッチ（ファイティング原田×アラン・ラドキン）	1965 年 11 月 30 日（火）フジテレビ	60.4%
9	ついに帰らなかった吉展ちゃん	1965 年 07 月 05 日（月）NHK 総合	59.0%
10	第 20 回オリンピックミュンヘン大会	1972 年 09 月 08 日（金）NHK 総合	58.7%

出所）ビデオリサーチ社 HP（https://www.videor.co.jp/tvrating/，2020 年 8 月 10 日閲覧）.

位置づけられているのかという点を論じる．まず，放送からみたスポーツの価値としては，そのキラーコンテンツ性が挙げられる．**表 9-2** は，過去の放送視聴率ベスト 10（2020 年 8 月現在）のランキングをまとめたものである．ビデオリサーチ社の調べによると，過去に高視聴率を記録した 10 の番組のうち，7 項目でスポーツ放送番組がランクインされており，そのことからスポーツ放送の商品価値の高さが表れている．

　社会学者の Birrell and Loy [1979] は，スポーツ放送の効果を，① 場面の拡大縮小と遠近，② 多様なイベントへの一時的集中，③ ドラマティックな場面の創出（リプレイ，スローモーション，静止画など），④ 一つの行為への集中，⑤ 統計的情報による多角的な把握の 5 点より示している．特に，3 点目のドラマティックな場面の創出に関しては，他の放送コンテンツより極めて優れた点であると指摘している．

　次に，放送政策からみたスポーツの位置づけであるが，放送政策にとってもスポーツは欠かせないコンテンツである．なぜなら，これまでの放送政策は，オリンピックを通じて次世代放送技術や放送インフラを推進してきたからであ

る．国民的行事であるオリンピックやワールドカップにおいては，メディアバリュー向上の影響は計り知れない．それゆえに，新たな放送技術を試すには絶好の機会であり，実際に，カラーテレビや，衛星を駆使した生中継，ハイビジョン映像の技術，8K テレビなどの次世代メディアは，メガスポーツイベントがその普及に大きく寄与したものばかりである．特に，1964 年の東京オリンピックにおいては，当時の日本政府がアメリカの人工衛星でオリンピックを全世界に中継する方針を決定しており，それを念頭に置いた日米間テレビ衛星中継実験を成功させている．さらに，1964 年の大会直前には，オリンピック放送に向けたマイクロ波通信の高層建築物等による伝播障害防止区域指定のための放送法改定が郵政省によって実施されている［日本放送協会 2001：285：291］．なお，このオリンピックに向けた政策および事業をきっかけに，後の映像中継の技術は飛躍的に向上したと言われている．以上から，放送政策にとってのスポーツ放送は優良な政策装置であると考えられる．

　他方，スポーツから見た放送政策も，欠かせない存在と言える．スポーツ振興の観点から鑑みると，オリンピックでは多くの視聴者がテレビ放送を通じてマイナースポーツを認知する関係上，種目の普及のためには，日本全国の都道府県へ公平に試合が放映されることが大前提となる．したがって，スポーツ振興の環境構築に放送政策は重要な役割を担っているのである．また，スポーツ団体にとっても，放送政策は間接的に重要な意味を持つ．例えば，インターネットを活用した次世代放送技術の向上や，放送ネットワーク網の整備といった問題は，自らの種目の中継に欠かせない要素であり，加えて，オリンピックにおける放送の実践および視聴者の反応なども貴重な社会実験となるからである．さらに，日本の放送業界は，クロスオーナーシップと呼ばれる新聞社による民間放送会社への資本参加が一般的であるが，日本サッカー協会などのスポーツ団体はスポンサーに朝日新聞などの新聞社が参加していることから，放送事業の決定事項は，結果として自団体のスポンサーへも波及するのである．この点はスポーツとメディアとの悩ましい問題であり，メディアがルール改正によりスポーツ本来の価値を毀損した側面もあれば，スポンサーとしてスポーツ運営を支えてきた側面もあり一概には否定できないという一長一短がある．本来，放送を含むスポーツメディアは，スポーツ団体の不正を監視する機関としても期待されうるが，スポーツ団体のスポンサーをメディアが担う場合，メディアはスポーツ団体のステークホルダーとしてその腐敗を追及できなくなる．メデ

ィアにとってスポーツは商品であり，メディアマーケティングの対象として扱われるが，スポーツも自らの商品価値を高めるためのマーケティングによってメディア対応を図ることから，市場を媒介とする両者の依存的な関係性はよりいっそう深まる．これが，社会にとってスポーツとメディアの間の悩ましい関係を発生させる原因である．マルチメディア時代に入りメディアの多様化と競争の激化は，コンテンツとしてのスポーツをより重視する傾向を強くする［小林 2019：44］．この状況においては，スポーツ側がメディアに手段として利用されかねない状況にある．

　前述した通り，放送はスポーツ振興にも悪影響を及ぼす場合があるため，スポーツ組織側も過度な放送ビジネスへの依存は避けることが望ましい．視聴率至上主義とも言われるメディア市場においては，スポーツ文化の普及やスポーツ参加者の拡大といったスポーツ振興の課題は軽視される傾向にある．IOC やFIFA のような海外の巨大スポーツ組織は別にして，国内のスポーツ組織団体は，メディアがスポンサーとなる場合が多いため，どうしても立場が弱くなる．しかし，重要なのは，スポーツ放送がスポーツ振興にいかにして寄与するのかという本質的課題へ立ち返ることであり，決してメディアビジネスを成り立たせることのみではない．この問題は，すなわち放送とスポーツの健全なバランスをいかにして確保するのかということと同義である．なお，このバランスを当事者間で調整することは，利害関係上難しいため，第三者すなわち公共政策の場において調整されることが望ましい．

（2） スポーツ放送に関する政策的議論枠組みの必要性

　ここでは，放送とスポーツ双方における健全なバランス確保のための政策的議論枠組みの必要性について考察する．そもそも，これまでの放送政策においては，スポーツ放送が重要事項として扱われる機会が極めて少なかった．『20世紀放送史（上）』に記載されている，過去の放送政策および放送事業の経緯を概観しても，スポーツの事項が登場するのは，1964 年の東京オリンピック前後の衛星事業および電波回線事業，あるいはジャパンプールおよびジャパンコンソーシアム結成に関わるもののみである．では，日本でスポーツ放送に関する政策的な議論が起きない原因はどこにあるのか．それは，① 放送開始から現在に至るまでの間に深刻な問題が発生していない，② 問題が発生しても，メディアや政策機関が扱わないために問題が顕在化しない，という 2 点から考えられ

る.

1点目については，スポーツ放送に関する危機がこれまで起きた前例がない，という点である．ここで言う危機とは，例えばオリンピックの放送がお金を払わないと視聴できないといった事態である．もちろん，スポーツのルール改正やスケジュール変更の問題は，メディアでも扱われることはあるが，これはスポーツ団体のガバナンスの問題として処理されることが多く，その原因の根幹に放送の過度な市場原理の問題があるとわかっていても，政策対応にまでは至らない．このように，日本においては，スポーツ放送に関する問題が深刻化した経緯がほとんどないため，そもそもメガイベント放送に関する問題事実を知らない人が大多数なのである．

2点目の問題の非顕在化の理由は，メディアやスポーツ団体，政策機関における自浄作用の欠如に起因する．例えば，テレビ報道における放映権の問題は，会社自体の収益構造と深く関係するため，報道対象から外される場合が多い．スポーツのルール改正の問題についても，スポーツ団体自らが，メディアビジネス構造の改善に取り組むことは稀である．放送政策においても，元々，放送法における放送主体者の自主自律規定から，行政による放送番組内容への関与は慎重な姿勢が取られる．このように，各アクターが自らのリスクを避け続ける現状にあるため，スポーツ放送の問題は，何が起きているのかが明らかにされないまま今日に至っているのである．したがって，この問題解決のためには，「今，何がおきているのか」と「何をしなければいけないのか」という問題認識から始める必要がある．このスポーツ放送の問題は，現状では一般の多くの人々が認識していない，いわゆる「探索型問題」[真山 2011：119]に該当し，意識的に探し求めないと見つけることができないものであり，早い段階で見つけないと手遅れになるものである．

これらをふまえて，放送政策における議論枠組みの設計に必要な要素は，参加アクターと議論の場の2点である．政策形成を考えるにあたって，政策の前段階における問題認識を共有する人材と場所の設計は重要である．

まず，参加アクターは，政策の中核的アクター，関連アクター，第三者アクターから選出する．具体的には，中核的アクターとして，放送会社（NHK・日本民間放送連盟）と総務省，スポーツ関係はスポーツ庁，スポーツ団体（JOC・JFAなど）．関連アクターとしては，産業関係を代表する広告代理店と大会スポンサー，教育・文化関係は文化庁，科学関係は大学有識者．国民の意思を代表する

第三者アクターとしては，BPO・JARO，といった多様な構成である．

　また，議論の場については，第三者アクターによって設計されることが重要である．放送政策においては，第1節で示した通り，政府から独立した政策主体の確立が望ましい．そのためには，比較的立場の弱いスポーツ団体が，メディアや広告代理店に過度な影響を受けることなく意見主張できる場を形成する必要があり，現状で，それに最も近いのは第三者的機関であるBPOであると考えられる．この議論枠組みを設定することにより，公開された場でのイシューが集約され，政策アジェンダがセッティングされるのである．そして，これらは最終的に政策を議論する前提となる現状の問題を明確にすることにつながるのである．

おわりに

　本章では，政策の観点から放送とスポーツの関係性を明らかにし，そこでの課題抽出を行った．近年では，放送とスポーツの関係が極めて複雑化している．オーナーシップの問題から，メディアがスポーツ振興に悪影響を及ぼす場合もあれば，IOCのような巨大スポーツ組織の放映権ビジネス戦略が，国内の放送メディアに圧力をもたらす場合もある．この放送とスポーツ双方の利害関係のバランスをいかにして取るのかという点は極めて悩ましい問題であるが，諸外国が実施しているような独立機関による政策的議論枠組みの構築が，その課題解決の一助になることを期待する．

　海外と比較すると，日本のスポーツ研究および公共政策研究は，メディア的視点から分析検討したものが少ない．イギリスを中心としたヨーロッパにおいては，メディア政策という学問領域が存在し，そこでは，公平なアクセス環境の構築や地域振興を促進する情報インフラの活用といったテーマによる研究が進んでいる．それによって，市場原理に傾倒するスポーツ団体に対して警鐘をならす文化や議論の環境が醸成されるのである．

　2021年の東京オリンピックに向けたスポーツ政策が進展する現状において，みるスポーツ，とりわけスポーツメディアの需要が高まることが予想されるが，放送政策におけるスポーツのあり方を検討することは，包括的かつ重層的なスポーツ政策の実現に寄与することになるだろう．

1) 放送には，テレビ放送とラジオ放送が存在するが，ここでは主にテレビ放送を対象とする．
2) 放送の公共性については，民間が供給する「排除不可能で消費の競合性のない公共財の性質」と定義される（P. Krugman 1990: 12）．
3) 当時のアメリカにおいては，国民の権利規制や免許付与に関わる行政については，独立行政委員会が担当するべきであるという考え方が存在した．
4) 1956 年には，郵政省による「テレビジョン放送局用周波数の割当計画基本方針」が決定され，これにより同一地域に複数の放送局が設置されることとなった．この方針は，地域ごとの情報格差の解消を目的としている．同時に，マスメディアの独占支配と集中を排除するために，他の放送業者の持ち株制限や，新聞社との役員兼任の制限等が規定された．このいわゆるマスメディア集中排除原則の決定は，特定の言論機関の独占支配による言論統制防止が念頭に置かれており，放送の「多元性」と「多様性」の担保が狙いである［川端 2019：62］．
5) テレビ番組に対する批判を象徴する言葉が大宅壮一による「一億総白痴化」である．大宅は，1957 年 2 月の『週刊東京』で，「テレビにいたっては，（中略）紙芝居以下の白痴番組がならんでいる．ラジオ・テレビというもっとも進歩したマスコミ機関によって一億総白痴化運動が展開されているといってもよい」（大宅 1957：23）と批判した．この議論を経て，1950 年代後半には，テレビ批判に対応する形で番組に対する様々な政策措置が取られた．これはつまり，「一億総白痴化論」に象徴される番組批判が規制強化の 1 つの根拠となったわけである．
6) 本章におけるスポーツ放送は，主に試合（録画・生放送を含む）すなわちスポーツ実況を対象とする．なお，総合ニュースや情報番組，スポーツ選手を扱ったドキュメント・対談番組・バラエティ番組については，編成や予算決定が他部局と関連する場合があるため対象としない．
7) 受信料値下げに関して，総務省は意見書の中で，2019 年度以降も事業収入の大半を占める受信料収入が増加する見込みであることをふまえ，「収支構造が妥当なものと認められるか否かについて改めて検討することが適当」とし，業務の見直しや受信料値下げも含めて受信料のあり方を検討することを求めている．これを受けて NHK は受信料を値下げする方針を表明し，値下げ幅や実施時期は経営委員会との議論などを基に 2019 年度中にも値下げを実施する考えであることを明らかにしている．

参考文献 》》》

〈邦文献〉

内川芳美［1989］『マス・メディア法政策史研究』有斐閣．

NHK 放送文化研究所［2003］『20 世紀放送史　資料編』日本放送出版協会．

―――［2003］『20 世紀放送史　年表』日本放送出版協会．

川端和治［2019］『放送の自由』岩波新書．

小林塁［2019］「日本におけるスポーツ放送政策の構築——アジェンダセッティングの視点から——」同志社大学博士論文.

鈴木秀美・山田健太・砂川浩慶編［2009］『放送法を読みとく』商事法務.

日本放送協会［1977］『放送50年史』日本放送出版協会.

日本民間放送連盟［1998］『月刊 民放（5月号）』兼六館出版.

日本民間放送連盟編［1966］『放送の公共性』岩崎放送出版社.

橋本一夫［1992］『日本スポーツ放送史』大修館書店.

花田達郎［1994］『放送制度と社会科学の間』東京大学出版会.

放送法制立法過程研究会編［1980］『資料・占領下の放送立法』東京大学出版会.

真山達志［2011］『政策形成の本質-現代自治体の政策形成能力』成文堂.

〈欧文献〉

Birrell, S. and Loy, J. W. [1979] "Media Sport: Hot and Cool," *International Review of Sport Sociology*, 14(1).

内
海
和
雄

補　論　スポーツ政策の誕生と変遷
―――福祉国家と新自由主義の対抗―――

1 ▶ コロナ禍が示したもの

　2019 年 12 月に中国の武漢市で発生した新型コロナウィルス（Covid-19）は瞬く間に世界中に蔓延し，3 月 11 日に WHO は世界的大流行（Pandemic）と規定した．2020 年 12 月 17 日現在，感染の勢いは止まらず，世界で感染者数 7408 万 7091 人，死者 164 万 6687 人となった．世界各国は都市を封鎖（Lock Down）し，国内・国際移動を禁止した．イベント類は音楽，スポーツ，観劇他屋外，屋内を問わず多人数の集まることはすべて中止ないし延期された．東京五輪・パラリンピックも同様である．

　今回のコロナ禍は，2002〜2003 年に掛けて世界を震撼させた SARS（重症急性呼吸器症候群）の再来である．新自由主義に基づく自然環境破壊，無制約な産業開発による地球温暖化等がその原因である．過去 30 年間に約 30 の新たな伝染病が発生し，今後さらに新たな伝染病発生の可能性が指摘されている．

　コロナ禍は伝染病による被害（感染，死亡）の深刻さだけが注目されているのではなく，その蔓延の背後にある社会の貧困，特に新自由主義による貧富の格差によって虐げられた貧困者問題と医療・福祉の貧困さを焦点化している．「3 密（密閉，密集，密接）」を避け，「不要不急」以外の外出は控え，自宅滞留を求められた．オンライン就業，オンライン会議も多く採用された．飲食店，劇場，ジム他の多くの業者が休業を「要請」され，満足な補償もないままに廃業，失業の危機に瀕している．学校も休校が続いた．これらは全世界に共通する．

　資本主義のチャンピオンであるアメリカは 12 月 17 日段階で世界最多の感染者数 1699 万 6147 人，死亡者 31 万 65 人である．世界の国々では感染者，死者の多くは貧困者である．これまでの福祉政策削減，医療体制の縮減で，早急な感染者治療ができず，医療崩壊が起きたことも原因している．

　日本でも 12 月 17 日現在，感染者は 18 万 4042 人，死者は 2688 人である．公立病院の統廃合や閉鎖により治療施設が圧倒的に不足していることは，コロナ禍以前から指摘されてきた．1990 年代の地域保健法による「業務効率化」や

2000年の「地方分権改革」による国の責任後退によって，保健所数は1990年の850カ所から2019年には472カ所に激減した．これらが，感染者の検査を遅らせ，感染を拡大させた原因の一端の象徴である．

　以上のことは公立病院や保健所だけのことではない．同じ健康に関わる福祉系の一環であるスポーツ，スポーツ政策の分野においても過去30年間は深刻な後退，崩壊が進行してきた．オリンピック・パラリンピック招致の背後に，国民，地域住民の参加するスポーツ政策は崩壊に近い実態である．

　不要不急以外の外出自粛で食料の買い物以外は外に出ることも憚られ，近所の地域自治体のスポーツ施設は殆どが閉鎖され，ここ数十年間の民間スポーツ施設（ジム，ダンス，プール他）の閉鎖，倒産もあり，スポーツ参加の機会が激減した．3密を避けて運動しようと思えば，マスクを着けて道路か河川敷でのジョギングしかなかった．見るスポーツとしてのプロ・スポーツも試合，練習の自粛で，プロ業界の財政逼迫も深刻化した．そして国際的，国内的スポーツイベントも中止，延期に追い込まれ，参加と観戦の全般にわたるスポーツ文化の衰退を招いた．7月に開催される予定だった東京オリンピック・パラリンピックは歴史上初めて来年に延期となった．しかし12月17日現在，IOCと日本政府は来年の開催を主張しているが，コロナ禍はいっそう深刻化している．

　以下，資本主義社会の福祉国家におけるスポーツ政策（スポーツ・フォー・オール政策）の誕生と現在の新自由主義下におけるスポーツ政策の実態を概観する．

2　資本主義とスポーツ

（1）　資本主義とは何か

　スポーツは人類の歴史と共に存在した．社会の人々の必要に応じてスポーツは誕生し，改革されながら現在に至っている．そして今後も人々の要請に対応して存在するであろう．

　原始共同体の時代，狩猟や戦闘のトレーニングはやがて面白さを加味してスポーツ化した．「スポーツの誕生」である［内海 1989：Ch. 1］．古代奴隷制社会になると財産や余暇の貴族（支配層）による独占によってスポーツもまた彼らに独占された．古代ギリシャ・ローマのオリンピックをはじめとする多くの競技会は国家行事（貴族の公共事）であった．「スポーツ競技会の誕生」である．支配層のみが参加を許され，人口の大半を占めた奴隷階級は参加できなかった．封

建制社会は封土を所有する封建領主が土地とそこに居住する農奴，町人他の所有者であった．ヨーロッパでは一神教であるキリスト教の普及により，ギリシャの多神教への奉納行事であったオリンピックは異教文化として西暦394年に停止され，約1200年の幕を閉じた．一神教の多くは「精神の優位，身体の劣位」を説き，ヨーロッパでは「スポーツ競技会の消失」が起きた．

　しかし1600年代のイギリスでは次第に資本が形成され始め，資本主義へと移行し始めた．家内制手工業から工場制手工業「マニュファクチュア」へと生産体制が発展した．資本主義とは労働者が資本家と労使契約を結び，労働力を資本家に売って製品を製作し賃金を得て生計を立てることを基盤とする社会体制である．資本家は労働者の労働から搾取し，資本（利潤）を形成する．労働者は封建制下の束縛から解放されたかに見えたが，低賃金による統制，恣意的な解雇，劣悪な労働条件により資本家へ隷属させられた．

　生産と流通の発達に伴って社会が少しずつ流動化する中で，貴族や新興資本家たちは地域の安定を意図して諸競技会を開催するようになった．当時，チームスポーツは未だ誕生していなかったから，伝統的な地域ゲームや個人スポーツが楽しまれた．「スポーツ競技会の復興」である［内海 2012：83］．

　ここで余暇の所有に触れておきたい．余暇とは可処分時間（労働時間，睡眠や食事，排泄などの生理的必要時間を除き，自由に活用できる時間）と可処分所得（食費，住居費，被服費，教育費などの基本的生活費を除いた，自由に使える金）が必要だ．結局有利な労働条件に支えられて実現する．スポーツは余暇活動の一環であるから，スポーツに参加するにはその前提として労働者も可処分時間と可処分所得が保障される必要がある．

　近代国家つまり資本主義制度に基づく新たな国民国家は1870年代以降，近代義務教育制度を発足させ，国語・標準語を設けて国内の情報伝達を円滑にさせ，労働力と兵力の養成に必要な知識・技術と国家への忠誠心を教育した．交易の興隆は外国からの伝染病の侵入を容易にさせた．また労働者階級の居住する都市のスラムは伝染病の蔓延と健康破壊の温床となった．これらの不衛生を是正し，より健全な労働者と兵士の健康対策は資本家や国家の必須事項となった．19世紀末のイギリスでは労働条件の一定の改善による健康促進と共に公衆衛生や都市計画が生まれ，集団への「健康・福祉政策」が生まれた．これらの範疇には環境衛生，個人衛生，栄養改善，体の矯正，体力の向上等がある．

　日本でも1872年の近代義務教育制度の発足の中で「体錬」が採用された．

学校以外でも体操による国民の健康促進策は1928（昭和3）年に始まった世界でも稀なラジオ体操がある．中国侵略の最中であり，国民の健康，体力育成は喫緊の課題であった．

（2） 体操の誕生

労働者や兵士の養成，特に健康増進・体力増強の課題は，その手段としての文化が必要になった．ここで採用されたのが，伝統的な民俗ゲームや個人スポーツであった．しかしそれらは国民の身体の矯正や愛国心の育成への手段とはならなかった．これらの課題を達成する一環として19世紀初頭には新たな医学，生理学知識を基盤として，体操が開発された．デンマークでは1780年代より近代学校体育が芽生え，その後F. ナハテガルやN. ブックを経てデンマーク体操の基礎を形成した．1811年にはドイツでF. L. ヤーン（1778-1852）が体操場を開設し，ナポレオンによる支配を排除するためのナショナリズム高揚運動として器械体操を普及させた．同じころスウェーデンではP. H. リング（1776-1839）がデンマーク体操の影響を受けながら，1813年に王立中央体操研究所を設立し，自然体操の普及とナショナリズムの高揚を意図した．これらはいずれも発展し始めた国民国家の要請する労働者と兵士の養成のためであった．明治期における加納治五郎による柔道の創設も，同様な文脈である．

（3） チームスポーツの誕生：イギリス

そして18世紀末から19世紀中ごろにかけて，三角貿易（イギリスからの生産物をアフリカに売り，その船で黒人奴隷をカリブ海諸島のイギリス人経営農場に売り，カリブから大量の砂糖や綿花をイギリスに売る貿易）で得た莫大な利益などの資本を原資としてイギリスはいち早く産業革命を実現させた．産業革命とは生産と社会における「分業と協業」が極度に発達した社会であり，その生産体制における機械化，高度化，複雑化，スピード化が生じた．またそれは新たな職種，特に金融，経理，法律，営業などの多くの座業を産んだ．それらは単に工場内に留まらず社会全体の複雑化，スピード化をももたらした．当然，産業，社会や組織をリードする人材，植民地での優秀な指導者，海軍での優秀な兵士・指揮官そして国内企業や政府での優秀な人材の養成は，ブルジョアジー（資本家階級）の男子が通うパブリック・スクールの教育改革に期待された．従来の古典文法中心の学習から実学教育への転換は大きな課題であった．そして野蛮脱却の思想

によって消滅しかかっていた荒々しい「民俗フットボール」が改革され，1840
〜1850年代にかけて，ラグビーやサッカーなどのチームスポーツが歴史上，初
めて産まれた（「チームスポーツの誕生」）．まさに，産業革命の集団的な生産・社
会体制である「分業と協業」の発展に規定されて誕生した（それまでの人類史のス
ポーツはいずれも個人種目である）[内海 2019]．それらは当然にして，イギリスブル
ジョアジーの信奉したアスレティシズム（強健な身体と精神の育成，集団への服従心，
忠誠心，協調心，リーダーシップ他の育成），マッスルクリスチャニティ（身体的にも強
健で敬虔なキリスト教徒），アマチュアリズム（ブルジョア個人主義に基づくフェアプレ
ー精神），ナショナリズムなどが付随した．特にアスレティシズムはやがて学校
での体操，スポーツの導入に伴って教育目標とされ，世界に普及した．チーム
スポーツは資本主義の要請する身体的，精神的，組織的諸要素に応えるために，
国内にそして国際的にも個人種目を伴って普及していった．また，ブルジョア
ジーにスポーツが普及した背景として，もう1点，加えておきたい．産業革命
はたくさんの事務作業，デスクワークをもたらし，ブルジョアジーが従事した
が，長期間労働の座業によって，彼らの健康問題も深刻化していたのであり
[Collins 2015: 邦訳 31-32]，週末のスポーツ参加はその解消と共に，そうしたスポ
ーツへの参加が彼らの社会的ステータスの誇示であった．

（4）　アマチュアリズム：ブルジョア個人主義

　スポーツは余暇を所有したブルジョアジーと貴族の男性によるアマチュアリ
ズムによって労働者階級や女性は排除された．アマチュアとは他の誰からも援
助を受けないでスポーツを享受する者，社会的身分の高い者を意味し，競技会
はキリスト教（プロテスタント）によって日曜日（安息日：午前中は教会で祈りをし，
午後は家で家族団欒を楽しむ）は避け，週日に行われた．そこに労働者が参加する
には休業補償か試合での賞金・賞品をあてにしたがこれはアマチュア規定に抵
触する．こうして労働者階級は排除されたのである．
　資本主義革命とは封建制的支配に対する資本家階級による権利闘争であり，
人身の自由，財産の自由などの自由権は資本主義の思想的法的側面を構成した．
アマチュアリズムはブルジョアジーによる，ブルジョアジーのための自由権の
主張であるが，他方で労働者階級や女性を排除した．この点で，この時代と自
由権の限界を示している．そして，スポーツは個人の事項だというブルジョア
個人主義としてのイデオロギーと結合し，1850年代に誕生したラグビーやサ

ッカーなどのチームスポーツを含むスポーツ全般と共に広まった［内海 2007］.

アマチュアリズムはアスレティシズム, マッスルクリスチャニティ, ナショナリズム（強いイギリス）と結合して,「強い男性」を強調した. 当時, 女性は男性による庇護の対象であり, 家で子育てをし, 家を守る権利なき存在と考えられた. 古代奴隷制以降, 封建制と引き継がれてきた女性差別が資本主義社会にも新たな形で引き継がれた.

しかし資本主義は老若男女, 人種, 宗教, 門地などを問わず, 資本の利潤のためには誰でも雇用した. それゆえ, 労働者階級の女性もまた子どもと共に労働力としていち早く駆り出された. しかし彼女たちはスポーツ参加の前提である余暇を所有できなかった［内海 2017：1-22］. 未だに根強い良妻賢母, 男尊女卑の思想と攻撃の中で, 中産階級の女性たちが選挙権をはじめとする女性の権利全般の戦いを社会参加の一環として闘い始めた. 19 世紀末の第 1 次ジェンダー運動である. その一環にスポーツ参加があった. 当時の女性観はコルセットを嵌め, 貧血気味の青白き姿が理想美とされたが, 資本主義の産業と社会体制, そして度重なる戦時体制は次第に快活で健康な女性が求められるようになった. 新たな女性像の確立にスポーツも貢献した［内海 2017：1-22］.

労働者のスポーツ参加は 2 つの方法で進展した. 1 つは 1880 年代から始まるプロ・スポーツの誕生であり, もう 1 つは第 1 次世界大戦（1914〜1918 年）と第 2 次世界大戦（1939〜1945 年）の間の戦間期に大きく発展した労働者スポーツ運動である. プロは労働者階級の余暇所有とは異なり, 資本によるスポーツの産業化である. プロ選手＝労働者の誕生である. 労働者スポーツ運動は労働者の組合活動, 権利運動の一環であり, その頂点は 1936 年のベルリンオリンピックの 1 カ月前にバルセロナ（スペイン）で予定された第 3 回国際労働者オリンピックである. しかし各国の労働者スポーツ運動は 1933 年以降政権を強奪しヨーロッパを侵略したヒトラー率いるナチスドイツやそれと連合したイタリアのムッソリーニ政権とスペインのフランコ政権などのファシズムによって弾圧された.

資本主義は「スポーツ競技会の復興」や「チームスポーツの誕生」を実現したが, スポーツだけに特有なアマチュアリズムによって資本家階級による労働者階級や女性の参加を阻んだ. ブルジョアジー男性のみの自由権である. こうした社会では国民全員の参加を保障し促進するスポーツ政策など誕生できなかった.

続いて，戦後のスポーツ・フォー・オール政策，真のスポーツ政策の誕生に入るが，その前にスポーツの本質について素描しておこう．スポーツ政策がいろいろな目的を掲げる理由，それを可能にする理由の解明となる．

3 スポーツとは何か

（1）　スポーツの本質

ここでのスポーツとは，ゲーム等を含む広義のものではなく，個人スポーツ，チームスポーツなどの身体運動とその競争を含む狭義のスポーツを意味している．

スポーツとは，例えば「祭」と同じように無形文化財である．祭は衣装や用具などは可視化できるが，それは祭の一部に過ぎず，総体としての祭とは，それらの衣装や用具を利用して特別な行動様式を伴ったものであり，人間が演じることによってはじめて可視化できる総合的なものである．これが無形文化財の所以である．スポーツも同様である．そしてスポーツとは図1の3層構造として存在する［内海 2009：Ch.4］．

1.　本　質

スポーツは2つの本質的属性から構成される．1つは体力・健康に結びつく自然的属性であり，他方はルール（施設，用具）などの行動様式を伴う社会的属

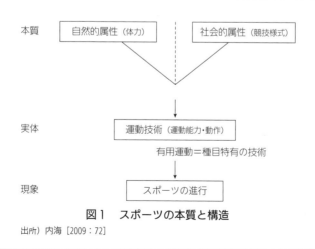

図1　スポーツの本質と構造

出所）内海［2009：72］

性である．この両者が本質レベルで結合するところにスポーツの特徴がある．前者の自然的属性は後者の社会的属性によって導かれなければ意味の無い身体活動に過ぎず，前者の無い社会的属性（競争性）だけであれば将棋，囲碁，チェス，トランプ，e-sport などの競争的ゲームである．

2. 実　体

　2つの本質が結合されて運動技術という実体を構成する．この運動技術はルール，競技様式に規定されて運動特有の技術を持っている．スポーツの練習はこの運動技術の体系や多様な変形，戦術を習得することである．この運動技術は先の2つの本質の結合であるから，運動技術の習得の過程で体力・健康が形成され，その競技の行動様式が習得され，上達する．そして多様な技術が結合されて戦術が作られる．有用運動とは種目特有の技術のことであり，バレーボールは主に腕で操作するが，サッカーの場合は主に足での操作である．両者の間には身体活動のエネルギー消費として共通性はあるが，バレーボールが上手だからサッカーも上手だという共通性はない．が，種目の間には共通する技術も含まれている．バレーボールとバスケットボールが典型で，どちらかが得意な人は他方も得意である．また野球とテニスもボールのバウンドの軌跡やバットやラケットの打点では共通性がある．したがって野球の選手はテニスも上手な傾向にある．これを技術の転移という．

3. 現　象

　それらの技術，戦術をもって試合が行われる．試合は体力，技術，戦術そしてチームワークの優位性を競うが，その過程では多くの偶然性が介在する．相手にとって意表を突いた行動がそれであり，時には味方にとっての偶然性もある．刻々と変化する局面において繰り出される技術に驚嘆し，興奮する．同程度の力量者同士の対抗ではそれらの偶然性をより強く支配した方が勝つ．スポーツの練習とは相手の偶然的なプレーを想定してそれに対応できるように，また自分たちの攻撃が偶然性を含んでより豊富に展開できるようにすることである．演劇は脚本に基づいて豊かに表現することであり，あらかじめ決められた結末がある．しかしスポーツは「筋書きのないドラマ」である．そうしたドラマがスリル（興奮），ファインプレー，フェアプレーを産みだすから楽しいのである．スポーツとはこうした本質―実体―現象を通して表現される総合的なも

のである.

（2） スポーツ政策における目的・目標の源泉

　現在スポーツは教育や日常生活での参加としても見る文化としても大きな比重を占めている．そのスポーツが政策として活用されるとき，多様な目的・目標が掲げられる．それらは次のような３つの範疇に分類される．

　１つはスポーツそれ自体が内包する価値であり，スポーツを享受する過程で達成される諸価値（達成的価値）である．例えば健康増進・体力育成，技術上達，競技様式の獲得，することの興奮等である．これらはスポーツに参加するうえで，先の３層構造のどこかに触れることにより，強弱の差はあるがいわば自動的に達成される価値である．特に健康増進・体力育成は他に達成する文化が無いことから，スポーツの価値が際立っている．囲碁や将棋などのゲームは競争性を楽しむものであり，心の健康に関わるとはいえ，身体的健康増進や体力育成には無関係である．２つめはスポーツを指導し，学習する過程で形成される価値（形成的価値）である．スポーツをすれば民主的な人格が自動的に形成されるわけではない．また，ズルをしたり卑怯な人格を創るわけではない．その意味ではスポーツは中立的である．これらはスポーツを享受する過程で自動的に形成されるものではなく，ある指導観や学習観に基づく中で形成されるものである．友人の形成，フェアプレー精神，民主的精神，チームワーク等である．ルールを守り，フェアプレー精神で指導されればフェアプレー精神が形成され，ダーティーなプレーを指導されれば，フェアな精神は形成されない．同じように，民主的な集団運営の下で指導されれば民主的な精神が形成されるが，独裁的，専横的，暴力的な運営の下で指導されればそのような人格が形成される傾向にある．特に現在の日本では地域の子どもスポーツや学校の部活動，時にはトップ選手養成でも未だに体罰が絶えない．体罰は「子どものことを思って，愛の鞭」だと言い訳されるが，それは詭弁である．体罰をする指導者は，① 教育観・人権意識の未成熟，② それ以上に指導方法が無く，限界を示している．③ そして暴力による抑圧で権威を保とうとする［内海 2015：269-92］．そして第３は，スポーツを観戦（スタジアム，テレビ他の媒体を通して）する場合の一体感，愛校心，国際試合での愛国心，そしてスポーツ界全体の商業的運営に関する目的・目標である．例えば，オリンピックやサッカーのワールドカップなどの招致開催は経済的振興，社会的統合そして国際平和などの目的・目標も加わる．

スポーツを楽しむうえで，あるいはスポーツを政策として提供するうえでの目的・目標には達成的価値と形成的価値そして観戦，イベントなどによる価値の3つの要素が混然一体となって含まれてきた．これらはすべてスポーツの持つ本質的構造が，多様な達成的，形成的価値の源泉であることを示している．

4　スポーツ政策の誕生——スポーツ・フォー・オール政策——

（1）　福祉国家と健康政策

第2次世界大戦ではファシズム国家（ドイツ，イタリア，日本）は後進資本主義国として先進国の持つ植民地の略奪を意図して攻撃的であり戦争国家（Warfare State）と呼ばれた．それに対して先進国側つまり既存の植民地所有国（イギリス，フランス，アメリカ）とソ連は連合国と呼ばれ，前者よりは民主主義を擁護して，特に英仏両国は戦後，福祉国家（Welfare State）と称された．この時点でのソ連は社会主義国として福祉の充実を国是としていた．戦後の疲弊した中での福祉は生命活動に直結する教育，労働，医療，住宅等に限られたが，1960年代以降の高度経済成長の時代に入ると福祉国家は第2の飛躍期を迎えた．文化・芸術・スポーツなど，国民の精神的領域の福祉政策も大いに進んだ．北欧諸国や南半球のニュージーランドも福祉国家を志向した．

資本主義は資本家の自由権がまず実現した．しかし国民全般の生活上の諸権利は国家による保障が無ければ実現しない．福祉国家では国民の自由権を実現するために国や自治体の公共が義務として条件を保障する，これが社会権である．福祉国家における国民の権利＝国家の義務という構図であり，その一環に文化，スポーツがある．

高度経済成長は国民の労働と生活の機械化とそれによる省力化が進んだ．これは先進諸国での国民の健康・体力問題にも多大な影響をもたらした．人類史の長い「少量摂取・大量消費」の「欠乏の時代」は終わり，「大量摂取・少量消費」の「飽食の時代」を迎えた．労働は機械化されて精神労働が多くなり，都市の機械化は通勤の足を電車，自動車，エレベーター，エスカレーター等の省力化を促進した．それは家事の機械化による省力化も含んだ．栄養の改善，テレビの普及はカウチポテトのように栄養過多，偏向に拍車をかけ，省力化と共に生活習慣病の温床となった．さらに医科学の発展はこれまで見過ごされた症状も精密機械での発見・治療によって，寿命が延長した．これは国家予算に占

める医療費の比重を高めた．そのため国民の健康維持増進の方策が国家的施策
として求められた．

（2） スポーツ・フォー・オール政策の誕生
　政府が全国民の健康増進を意図してスポーツ政策を策定したのは 1950 年代
後半以降の高度経済成長期に西欧・北欧，ニュージーランドにおける福祉国家
において成立した「スポーツ・フォー・オール政策」が歴史上初めてである．
「スポーツ政策の誕生」である．
　一方この時期は国民の文化領域を含む諸権利の高揚があり，スポーツへの参
加の権利（スポーツ権）も主張され始めた．ここでもスポーツは単に健康促進・
体力増進だけでなく，その多様な価値が主張された．この国家と国民の意向と
が合致して生まれたのが「スポーツ・フォー・オール政策」である．国民のス
ポーツ権の保障のために国家は条件整備の義務を負うものである．その象徴的
な政策が 1966 年の欧州審議会（Council of Europe）による "Sport for All" の提唱
であり，その法的，理論的結実は 1975/6 年の「ヨーロッパみんなのスポーツ
憲章（European Sport for All Charter）」である．これは西欧諸国で始まっていた
「スポーツ・フォー・オール政策」を加盟国全体に普及しようとしたものであり，
当時の考え方が明確である．

　　第1条　全ての個人はスポーツに参加する権利をもつ．
　　第2条　スポーツは人間性の発展にとって重要なものとして推奨され，適
　　　　　　切な援助が公共資金でなされるべきである．
　　第3条　スポーツは，社会─文化的発展の視点のうえから，地域，地方そ
　　　　　　して国レベルで教育，健康，社会事業，都市・田園計画，環境保
　　　　　　護，芸術そしてレジャーなどの政策立案に関わるべきである．
　　第4条　各国政府は公共機関とボランタリー組織との永続的で有効な連携
　　　　　　を図るべきであり，スポーツ・フォー・オールの発展や共同の国
　　　　　　家的な機構を奨励すべきである．
　　第5条　政治的，商業的あるいは財政的誘導からスポーツとスポーツマン
　　　　　　を守る方策を探求すべきである．
　　第6条　スポーツへの参加の規模は，とりわけ，量的にはスポーツ施設の
　　　　　　多様性と接近の容易性にあるので，全ての施設計画は公共機関の

事項として考えられるべきであり，地域，地方そして国家レベルでの必要性を考慮すべきである．そして新旧の施設のフル活用を保障する方策がとられるべきである．

第7条　田園や水辺への接近を保障するために，必要な場合には法律も含めた方法が採用されるべきである．

第8条　スポーツ発展のいかなるプログラムも，行政，技術指導，リーダーシップ，コーチのすべてのレベルで専門性を有した人材の必要性が認識されるべきである．

　以上，全国民を対象とし，国民のスポーツ権と国家の義務を認めたスポーツ政策が人類史上初めて誕生し，人類史の歴史的発展の到達点を示した．簡単に要点を振り返ると，第1条ではスポーツが全ての人の権利であること，第2，6条ではそのための条件警備を公共責任で行うと述べている．そして第3条ではスポーツ振興政策は地域・地方・国レベルで，教育，健康，社会事業，都市・田園計画，環境保護，芸術そしてレジャーなどの領域と連携して設定されるべきだという．その他政策の具体的な事項に触れているがスポーツ・フォー・オール政策は福祉国家における健康政策であると同時に，文化政策でもあり，諸領域と密接につながるものであることが示されている．ここにスポーツの社会権の到達を見ることができる．

　スポーツとは健康政策の一環であり，文化政策の一環であり，教育政策の一環でもある．総称的に広義の福祉である．そのために余暇の所有つまり，可処分時間，可処分所得が十分に採れる労働条件（労働時間，給与等）が必須である．そしてスポーツ参加の直接的条件の整備，つまりスポーツ施設・設備，指導者養成，クラブ育成などが国や自治体の公共によって率先されなければならない．これらを西欧・北欧諸国は行ってきた．だから「スポーツ・フォー・オール政策」が実現し，推進されたのである．またそうしたスポーツ政策でなければ，スポーツの国民への普及は進展しない．

　ここで気づかれたかもしれない．プロの隆盛はアマチュアリズムを無意味なものにしたが，と同時に「スポーツ・フォー・オール政策」によって国家自体がアマチュアリズムを否定したのである．スポーツは公共性を復活させ，個人主義を克服した．

（3） イギリスのスポーツ・フォー・オール政策

　既述のように近代スポーツ特にチームスポーツの発祥国であるイギリスはアマチュアリズムの発祥地でもあった．そのため，国民のスポーツ参加へ国が援助することも牽制されてきた．しかるに西欧の高度経済成長を経た福祉国家では 1950 年代末から「スポーツ・フォー・オール政策」を推進し始めていた．そして，1966 年に欧州審議会（Council of Europe: CE）はドイツ他で進んでいた国民へのスポーツ普及政策を「スポーツ・フォー・オール」のスローガンで加盟各国に普及を始めた．イギリスでは大陸諸国の動向に影響されて 1960 年に「ウォルフェンデンレポート」はこれまでのアマチュアリズムの限界を認識して国家のスポーツ支援を答申した．1965 年に諮問機関としての「スポーツカウンシル」ができてスポーツ政策の取っ掛かりとして地域スポーツの実態を調査し始め，1972 年にやっと執行機関化して政策の策定，予算執行，政策の実行を推進した．ドイツから見れば 10 年余も遅れた．スポーツカウンシルは政府直轄機関ではなく，一定独立した機関として誕生した．この斬新さは保健体育審議会答申にも影響した．1970 年代には文部省研修他，多くの調査団がイギリスを訪問した［内海 2003］．

　さて，CE では 1975/6 年に「ヨーロッパみんなのスポーツ憲章」を宣言し，加盟国の政策推進をより強力に推進した．そして 1981 年には「スポーツ・フォー・オール政策」の各国での推進状況の報告を求めた．イギリスのスポーツカウンシルはこれに応えて，バーミンガム大学のマッキントッシュ教授に依頼して，イギリスでの実態を調査・報告した．その報告は前半がこの間のスポーツカウンシルの政策分析であり，後半はそれぞれの政策に活用されたスポーツ政策の目的・目標分析である［McIntosh et al. 1985: 149］．その概要は以下のようである．

〈主要目的〉
- 大衆参加の増大と高度化の促進
- 社会サービスとしてのスポーツの対処（住居，医療健康，教育と同様）
- 社会的効果（道徳の向上，国民活力の向上など 5 小項目）
- 心理的効果（人格の高揚等 3 小項目）
- 生理的効果（体力，健康）

- 生活の質の改善

〈目　標〉

- これまで未参加者の参加促進（失業者，障害者等10小項目）
- 才能ある人々への提供（高度化の追求）
- 施設の提供と適切な活用（施設への予算支出，既存施設の積極的な活用等5小項目）
- 社会的効果（都市の不満や倦怠感の減少等5小項目）
- 商業資本投資（私企業との共同等3小項目）
- 行政的，ボランティア組織の奨励（補助金やローン等3小項目）
- 心臓病の減少
- 研究の奨励
- 国際団体との協同

　ここに示された目的・目標は多様であり，小項目を含めれば約40項目になる．これらの目的・目標は地域住民へのスポーツ普及の政策として掲げられたものである．管見するところこれだけの目的・目標の分析整理を他に見当たらない．と同時に，これらの目標はスポーツが社会に与えた影響として把握される．だからこそ，それらを目標として掲げるのである．

　この後，イギリスは大陸諸国の福祉国家のスポーツ・フォー・オール政策への遅れを取り戻すべく，国や自治体のスポーツ施設建設を活発に行い，地域スポーツクラブの発展に積極的な支援を行い，大学やスポーツ組織でのスポーツ指導者の養成に努力した［内海 2003］．

（4）　日本のスポーツ政策の始まり

　日本のスポーツ政策の「始まり」は1961年の「スポーツ振興法」からである．1964年の東京オリンピックを控え，スポーツに関する法律が何もないのは恥だとして，急遽制定された．スポーツ参加条件の施設・設備，指導者の養成，クラブの育成などの公的責任については何も規定しなかった．それでも自治体のスポーツ関係者からすると，初めてスポーツ関連法が誕生することによってスポーツ政策，行政が進めやすくなったという［内海 1993：139］．

　スポーツは長い間アマチュアリズムによって個人の営みと考えられ，それは日本でも同様だった．住民のスポーツ施設建設要求に対して，「スポーツは個人で楽しむものですからご自分で対処してください」と断ってきた自治体も，

高度経済成長とオリンピックを経験して，益々高揚する住民のスポーツ要求を無視することができなくなっていた．

　こうした背景の下，文部大臣はオリンピックでの敗北を踏まえて，トップスポーツ振興を1967年に保健体育審議会に諮問した．審議会は，単にトップだけを振興するのではなく国民の底辺からの参加が無ければその目標も達成されないと，ヨーロッパの「スポーツ・フォー・オール政策」に学びながら，日本のスポーツ施設数の実態調査を初めて行い（その調査結果は1969年の数値），1972年に「体育・スポーツの普及振興に関する基本方策について」を答申した．ここでは西欧のように，人口比でのスポーツ施設数を算出し，国や自治体の政策基準として提起した．人口規模（たとえば1万人，3万人，5万人，10万人）に対応して必要施設数を屋外運動場（運動広場，コート），屋内運動場（体育館，柔剣道場），プールを事例として提示した［内海 2005：36］．この基準はスポーツ参加人数，週単位の参加割合等，ヨーロッパの数値と比べると控えめなものであったが，日本のスポーツ政策への提言としては画期的なことであった．この答申こそ，ヨーロッパの「スポーツ・フォー・オール政策」に学びながら，日本の福祉の充実を強調する社会背景のもとに生まれた，実質的なスポーツ政策の誕生であった．スポーツ振興法が自由権水準の内容であるとすれば，この答申は国や行政の責任をある程度認識し，社会権へ一歩踏み出したといえるであろう．

5　新自由主義とスポーツ政策

　新自由主義とは何かについても簡単に述べておこう．1980年代にアメリカから発し，成長しつつあった多国籍企業や大企業の利潤を保護しつつ，市場化，資本の目先利益優先，民営化を優先する．市場原理尊重で市場の規制緩和をして大企業を優遇すれば経済は活性化し，経済規模が拡大し，富は上から下へ「トリクルダウン」して社会全体が潤うという思想と施策である．これによって，国民の福祉を削減し，公営事業，国や自治体業務を民営化して大企業に委託し，一方で国民，住民の個人責任を強調する．これまである程度進んできた福祉の社会権を再び自由権レベルに押し戻した．富は少数の富者へ一極集中し，「トリクルダウン」は起きず，国民の大多数は一層貧困化して，国内の貧富の格差が拡大した．国際的にも先進諸国による開発途上国の搾取が進み，国家間の貧富の格差拡大も深刻化した．新自由主義は社会保障をはじめとする公的サービ

スを切り捨て，自己責任（個人責任）を押し付ける．こうして社会全体をもろくしてしまった．介護，障害者福祉，保育，雇用，経済，教育，文化，スポーツなどの福祉領域の民営化，営利化，個人責任化によって富者はサービスを購入出来るが，貧者は購入出来ないということである．

（1）　サッチャリズムとスポーツ政策

　イギリスも，1979年以降のサッチャリズムにおける新自由主義化，つまり市場化・民営化の促進，労働者の権利剥奪，福祉の削減は目に余るものがあった．第2次世界大戦後福祉国家の発祥地としての邁進してきたイギリスが方針を転換し，アメリカのレーガノミックスと共に新自由主義政策の最先端を走った．これによって，スポーツ分野で言えば例えば学校に付置していた自治体のスポーツグラウンドの多くが企業に売りに出され，自治体スポーツ政策，行政は縮小された．それは1997年に誕生した労働党ブレア政権の誕生まで続いた．ブレア政権はイギリスの発展は「1に教育，2に教育，3に教育」として教育政策を強調したが，その一環に国民の意欲と健康，地域発展，弱者の社会的包摂等を目的・目標としてこの間停滞してきたスポーツ政策を史上空前の規模で推進した．この政策は2005年段階でも継続され，2012年ロンドンオリンピック招致決定（IOC）へ向けた国民的支持を得たのであった．スポーツ・フォー・オールの復権である．しかもこの辺りから，政府のスポーツ政策提言にはそれに伴う予算が明記されるようになり，関連諸機関でも政策の実現度が向上した．

（2）　日本の新自由主義とスポーツ政策

　1973年の国会は60年代の大都市，地方都市の公害汚染により，地方政治の革新化が進行する中で，中央政府としても福祉を重視せざるを得なかった．それゆえ当初は「福祉元年」と呼ばれた．先の保健体育審議会答申もこうした背景のもとに誕生し社会権を一歩推し進めるかに見えた．しかしその年の9月に起きたオイルショック（石油産出国の輸出制限による世界経済の大混乱）によって，ついに「福祉2年」は来なかった．スポーツの社会権も実現しなかった．

　国民，住民はますます強まる労働強化に攻められた．「24時間戦えますか」というドリンク剤の宣伝は時代を象徴する1コマである．それでも人々のスポーツ要求はさらに高揚し，自治体も新たな地域づくりとして「スポーツ振興都市宣言」等を発して健康都市としてのイメージアップを計画したりして住民の

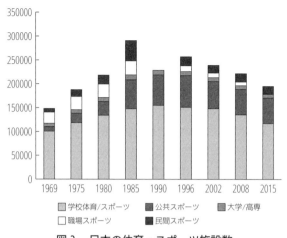

図2　日本の体育・スポーツ施設数

出所）文部科学省「平成30年度体育・スポーツ施設現況調査結果」.

意識統合を図った.

　図2のように，スポーツ施設数は1985年の約30万まで順調に増加した（これも保健体育審議会答申の基準から見れば半数にも満たなかったが）．その後は職場と民間施設の減少が始まった．これは企業内の福祉削減と国民，住民の消費能力の低下を意味する.

　住民に密着する全国の自治体の「学校体育／スポーツ」と「公共スポーツ」の合計は1996年までは増加している．全国自治体のスポーツ関連支出は1995年までは順調に拡大し，1兆84億円（総予算の1.02％）となった．そのうち普通施設事業費は6016億円で60％を占めた．しかしその後は減少であり，2009年度には合計5015億円で1995年度の約半分であり，施設事業費も1432億円で1995年度の1/4と激減している［内海 2015：169］．施設数も2015年には，1985年の2/3に減少した.

（3）　スポーツ政策の崩壊

　1980年代の中曽根行政改革，1990年代後半からの平成の大合併による市町村合併は新自由主義に基づく行政改革であり，基本的に住民への福祉サービスの根本的な削減である．これにより，その一環としてこれまで不十分ながらも漸進してきたスポーツ政策も例外とはされず，削減された．これが1990年代

中ごろ以降の施設を含むスポーツ関連予算の縮小に典型的に示されている．2000年の「地方分権改革」は国の責任を一層後退させた．1972年答申の趣旨は1985年以降，意図的に無視されてきた．

　益々高揚する国民のスポーツ要求にも関わらずスポーツ施設は減少の一途をたどった．現在もその傾向は続いている．1996年以降の「学校体育／スポーツ」「公共スポーツ」施設の減少は「職場スポーツ」「民間スポーツ」施設の減少を追った．スポーツ施設はスポーツ参加の基盤であり，それが減少するということはスポーツ参加人口の減少を意味する．現にこの施設数の減少と並行して，地域のスポーツクラブ数も減少した（もちろんこの背後には国民の労働強化による余暇の減少もある）．唯一増加したのは，ジョギング，マラソンである．労働時間が厳しく，休暇も自由に取れない．したがってチームスポーツが成り立たなくなってきた．そんな中，個人で，好きな時間に走れて，無料な道路や公園を走れるからである．自治体主催のマラソン大会も観光と結合させた「スポーツツーリズム」として現在は全国で2000カ所くらい行われている．それ自体は否定されることではないが，問題は自治体のスポーツ施策全体が崩壊する中で，マラソン大会を年1回開催してスポーツ政策としてお茶を濁されているところに，問題の深刻さがある．地域住民のスポーツ文化の衰退である．

　日本におけるスポーツ政策の成立は，1972年の保健体育審議会答申以降であり，スポーツの社会権を自覚したものだった．しかし1980年代中頃以降は，国と自治体のスポーツ政策の崩壊過程であり，2011年の「スポーツ基本法」も国民のスポーツ権を初めて明記したが，その意味するところは自由権水準であり，条件整備における国や自治体の責任である社会権には触れておらず，課題を抱えている[1]．

　すべての国民，地域住民が等しく参加できるスポーツ政策とは，福祉国家の「スポーツ・フォー・オール政策」つまり，国や自治体の条件整備の義務を推進する以外にありえない．スポーツ参加の条件であるスポーツ施設の建設，指導者の養成，クラブの育成，スポーツ教室の開催などは個人での対処は不可能であり，公共の責任で対応しなければならないからである．

　しかし新自由主義はそれを最も嫌い，何が何でも市場化，民営化を迫り，個人責任化を迫る．だから公共性を否定し，貧困層を排除する．このことは過去30年間の日本のスポーツ政策を見れば一目瞭然であり，私はスポーツ政策の崩壊と呼んでいる．

しかし西欧の福祉国家経験国，現在も福祉国家を維持している北欧やニュージーランドでは新自由主義の影響を最小限に抑え，スポーツ・フォー・オールの更なる推進を行っている．この点が今の日本に問われていることである．

参考文献 》》》

〈邦文献〉

内海和雄［1989］『スポーツの公共性と主体形成』不昧堂出版．

——［1993］『戦後スポーツ体制の確立』不昧堂出版．

——［2003］『イギリスのスポーツ・フォー・オール――福祉国家のスポーツ政策――』不昧堂出版．

——［2005］『日本のスポーツ・フォー・オール――未熟な福祉国家のスポーツ政策――』不昧堂出版, 36.

——［2007］『アマチュアリズム論』創文企画．

——［2009］『スポーツ研究論――社会科学の課題・方法・体系――』創文企画．

——［2012］『オリンピックと平和』不昧堂出版．

——［2015］『スポーツと人権・福祉――「スポーツ基本法」の処方箋――』創文企画．

——［2017］「資本主義はなぜ，女性のスポーツを普及させるのか」『広島経済大学 研究論集』40(2)．

——［2018］「女性スポーツの誕生」『広島経済大学 研究論集』40(4)．

——［2019］「資本主義はなぜ，集団スポーツを産んだのか」『広島経済大学 研究論集』42(2, 3)．

〈欧文献〉

Collins, T. [2015] *The Oval World: A Global History of Rugby*, London: Bloomsbury Sport（北代美和子訳『ラグビーの世界史――楕円球をめぐる200年――』白水社, 2019年）．

McIntosh, P. C. et al. [1985] *The Impact of Sport for All Policy 1966-1984 and a Way Forward*, London: Sport Council.

注 》》》

1) 戦後日本のスポーツの確立とスポーツ政策の成立については内海［1993；2005］を参照．

あ と が き

　日本体育・スポーツ政策学会が設立されてから，30 年あまりが経過した．この 30 年の間に，日本のスポーツ政策をめぐる状況は様変わりした．スポーツ振興基本計画の策定（2000 年），スポーツ振興くじ（toto）の全国展開（2001 年），スポーツ基本法の制定（2011 年），2020 年東京オリンピック・パラリンピック競技大会（以下，オリパラ）の開催決定（2013 年）やスポーツ庁の設置（2015 年）など，スポーツ政策上の重要な転換点がいくつもあり，この期間の変化は著しい．行政全体をみても，スポーツ政策上の地方分権改革，中央省庁の再編，事業評価制度の導入や EBPM（エビデンス・ベースト・ポリシー・メイキング．証拠に基づく政策立案）の推進など，国や地方公共団体を問わず，行政改革が進められてきた．このような社会変化の中で，政策学の理論に基づいてスポーツ政策を研究する必要性や重要性は確実に高まっていると思われる．スポーツ政策を合理的に決定するにはどうすれば良いか．スポーツ政策の実施過程はどのようになっているのか．スポーツ政策を評価する観点はどのようなものがあるのか．取り組むべきスポーツ政策の課題は山積している．

　往々にして，スポーツは自分たちの「世界」を築く傾向にある．「スポーツ界」という独自の枠組みのなかで活動することが多いともいえるだろう．しかし，スポーツは社会的な事象であり，公共政策が対象とする分野のひとつである．「スポーツ界」のなかだけで物事が完結することはあり得ない．実際の公共政策を俯瞰すると，「スポーツ政策」とともに，「スポーツ的」な政策が多々あることがわかる．どこまでが「スポーツ政策」であるのだろうか．そして，そもそもスポーツ政策とはいかなる政策なのであろうか．

　本書は，スポーツを公共政策の視点からとらえたものであるが，まさにこれらの疑問に多くの示唆を与えるものであると考えられる．このような切り口からスポーツ政策をとらえた著作は，これまでなかった．本書を通して，公共政策のなかには，「スポーツ政策」では括ることのできない，スポーツが活用された政策がどれほど多く存在するか理解できたはずである．今後のスポーツの発展のためには，それらの政策と資源を奪い合うのではなく，いかに共存関係を構築することができるか，そのような視点も必要であろう．本書が，スポー

ツ政策の進展とともに，さらなるスポーツの発展に向けて，その一助になれば望外の喜びである．

　2019年12月に，新型コロナウィルス（Covid-19）の存在が中国で確認され，その後，瞬く間に世界中に蔓延した．当初はCovid-19がこれほど全世界で猛威をふるい，これほどまで社会を混乱に陥れるとは予想だにしなかった．実際に会うという対面でのコミュニケーションは避けられ，不要不急の外出も自粛されるようになり，日常のスポーツも多くが制限された．そのような中で，改めて社会におけるスポーツの役割を考えざるをえない．コロナ禍で，ウォーキングやジョギングをする人々の姿を数多く目にするようになった．もちろん誰とも話をせず，周囲と距離をとり，一人で黙々と行っている．健康維持ため，運動不足解消のため，気分転換のためといった目的があろう．このような活動は「スポーツ」と言えるのか．自らも走りながら考えてしまう．周知の通り，開催予定であった2020年東京オリンピック・パラリンピック競技大会は延期され，このあとがきを書いている今（1月下旬）は，IOCや組織委員会は7月に予定通りに開催するとコメントしている．実際の開催の可否はCovid-19の感染状況次第なのであろうが，少なくとも，その決定を下した過程は明らかにしていくべきであると考える．なぜそのような決定をしたのか，IOC，組織委員会，東京都や政府など関係アクターが，それぞれどのような役割を担い，どのようなデータに基づいて，その判断を下したのか，その決定過程は明確に公表すべきであろう．

　最後に，本書を刊行するにあたり，章構成の作成から各章の内容の確認まですべての編集を一手にお引き受けいただいた同志社大学教授の真山達志先生には心から感謝申し上げる．大変なご負担をおかけした．また，同志社大学助手の小林塁氏には，編集協力として多大なる尽力をいただいた．各原稿を細部に渡ってチェックをしていただいた．その緻密で徹底した作業に深く感謝申し上げる．本書の編集作業は，まさにCovid-19の蔓延の時期と重なってしまった．当初は，オンラインでの打ち合わせに慣れず，真山先生や小林氏にはご面倒をおかけした．また，出版にあたっては，晃洋書房の丸井清泰氏，坂野美鈴氏に大変お世話になった．心からお礼を申し上げる．

　　2021年3月

　　　　　　　　　　　　　　　　　　　　成　瀬　和　弥

索　引

《編著者紹介》

真山達志（まやま たつし）［はしがき，序章］
同志社大学政策学部 教授.
専門領域は，行政学・政策実施論.
主要業績
『政策形成の本質──現代自治体の政策決定能力──』成文堂，2001 年.
『スポーツ政策論』（共編著），成文堂，2011 年.
『ローカル・ガバメント論──地方行政のルネサンス──』（編著），ミネルヴァ書房，2012
　　年.
『政策実施の理論と実像』（編著），ミネルヴァ書房，2016 年．2020 年.

成瀬和弥（なるせ かずや）［第 8 章，あとがき］
筑波大学体育系助教.
専門領域は，スポーツ政策学.
主要業績
『スポーツ政策の現代的課題』（共著），日本評論社，2008 年.
『スポーツ政策論』（共著），成文堂，2011 年.
「日本における生涯スポーツの概念や理念に関する一考察」『体育・スポーツ政策研究』21(1)，
　　2012 年，11-19 頁.
「都道府県におけるスポーツ推進計画の動向──平成 22 年度および平成 23 年度──」『体
　　育・スポーツ政策研究』22(1)，2013 年，35-49 頁.
「文部省における生涯スポーツ政策の導入と理念」『体育・スポーツ政策研究』28(1)，2020
　　年，19-33 頁.

《執筆者紹介》（執筆順）
黒澤寛己（くろさわ　ひろき）[第1章]
びわこ成蹊スポーツ大学スポーツ学部教授.
専門領域は，スポーツ教育学・スポーツ政策学.
主要業績
『ライフスキル教育──スポーツを通して伝える「生きる力」──』（共著），昭和堂，2009年.
「学校体育における「体育理論」の基礎的研究──「体育理論」授業の充実・発展に向けて──」『びわ
　　こ成蹊スポーツ大学研究紀要』15，2018年，87-94頁.
『SPORTS PERSPECTIVE SERIES 5 スポーツマンシップ論』（共著），晃洋書房，2019年.

内藤正和（ないとう　まさかず）[第2章]
愛知学院大学心身科学部講師.
専門領域は，スポーツ政策.
主要業績
「総合型地域スポーツクラブのNPO法人化とマネジメントの関連性に関する研究」『愛知学院大学心身
　　科学研究所紀要心身科学』5(2)，2013年，103-111頁.
「企業スポーツチームの地域貢献活動に対する意識とニーズに関する研究」『愛知学院大学心身科学研
　　究所紀要心身科学』6(1)，2014年，125-132頁.
「地方自治体のまちづくりと整合性を持つスポーツ施設整備の研究」『同志社政策科学研究』21(1)，
　　2019年，121-136頁.

日下知明（くさか　ともあき）[第3章]
鹿屋体育大学スポーツ人文・応用社会科学系助教.
専門領域は，スポーツ政策.
主要業績
「地方自治体とJリーグクラブのスポーツ施設をめぐる政策ネットワークの特質に関する研究」『体
　　育・スポーツ政策研究』26(1)，2017年，1-28頁.
「地方自治体とJリーグクラブの間の官民パートナーシップの特徴に関する研究──地方スポーツ推進
　　計画の分析を中心として──」『体育・スポーツ政策研究』29(1)，2020年，1-22頁.

川井圭司（かわい　けいじ）[第4章]
同志社大学政策学部教授.
専門領域は，スポーツ法・スポーツ政策.
主要業績
『プロスポーツ選手の法的地位』成文堂，2003年.
『導入対話によるスポーツ法学』（共著），信山社，2007年.
『スポーツビジネスの法と文化──アメリカと日本──』（共著），成文堂，2012年.
『スポーツ法への招待』（分担），ミネルヴァ書房，2011年.
『スポーツ法へのファーストステップ』（分担），法律文化社，2018年.
『標準テキスト スポーツ法学 第3版』（分担），エイデル研究所，2020年.

水上博司（みずかみ　ひろし）[第5章]
日本大学文理学部教授.
専門領域は, スポーツ社会学.
主要業績
『スポーツクラブの社会学——『「コートの外」より愛をこめ』の射程——』（共著）, 青弓社, 2020 年.
『2020 東京オリンピック・パラリンピックの社会学——日本のスポーツ文化は変わるのか——』（共著）,
　　創文企画, 2020 年.
「総合型地域スポーツクラブと情報ネットワーク支援 NPO の関係性から形成された社会関係資本——
　　東日本大震災の支援寄付をめぐって——」『体育学研究』64, 2019 年, 151-168 頁.
「総合型地域スポーツクラブの中間支援ネットワーク NPO が創出した公共圏」『体育学研究』61, 2016
　　年, 555-574 頁.

松畑尚子（まつはた　なおこ）[第6章]
龍谷大学法学部スポーツサイエンスコース准教授.
専門領域は, スポーツ政策学.
主要業績
『スポーツ政策の現代的課題』（共著）, 日本評論社, 2008 年.
「都道府県のスポーツ振興計画におけるスポーツ人口に関する政策指標の研究——スポーツ実施率を中
　　心として——」『体育・スポーツ政策研究』18(1), 2009 年, 45-54 頁.
『スポーツ政策論』（共著）, 成文堂, 2011 年.
『スポーツ白書 2014——スポーツの使命と可能性——』（共著）, 笹川スポーツ財団, 2014 年.
『大学スポーツの新展開——日本版 NCAA 創設と関西からの挑戦——』（共著）, 晃洋書房, 2018 年.

天野和彦（あまの　かずひこ）[第7章]
東北学院大学教養学部准教授.
専門領域は, スポーツマネジメント・地域スポーツ政策.
主要業績
『大規模災害と公共スポーツ施設』『体育経営管理論集』4, 2012 年, 1-17 頁.
『大規模災害と地域のスポーツクラブ』『東北学院大学教養学部論集』171, 2015 年, 1-15 頁.
『A Large-scale Volcanic Eruption and Mountaineering Association (abstract book)』, EASM, 2016
　　年.
『Volcanic Eruption and Winter Sport: Focusing on risk management for skiers and snowboarders
　　(abstract book)』, EASM, 2017 年.
『「豊かなスポーツクラブ」によるアウトカムとは何か』（共著）, 『体育・スポーツ経営学研究』31,
　　2017 年, 1-24 頁.

小林　塁（こばやし　るい）[第9章]
同志社大学研究開発推進機構特別任用助手.
専門領域は, メディア学・政策過程論・スポーツメディア論.
主要業績
「公共性を担保するスポーツ放送の考察——NHK におけるイシュー・ネットワーク形成を視点に——」
　　『同志社政策科学研究』19(1), 2017 年, 407-422 頁.
「日本における「スポーツ放送政策」の形成——公益と価値の視点に——」『同志社大学スポーツ健康科
　　学』10, 2018 年, 9-18 頁.

『日本におけるスポーツ放送政策の構築——アジェンダセッティングの視点から——』同志社大学大学院博士論文，2019 年．

「「組織の組織」における理念浸透の現状と課題——日本オリンピック委員会を事例に——」『広報研究』24，2020 年，4-16 頁．

内海和雄（うちうみ　かずお）［補論］
一橋大学，広島経済大学名誉教授．
専門領域は，スポーツ政策，スポーツ社会学，スポーツ・人権・福祉．
主要業績
『イギリスのスポーツ・フォー・オール——福祉国家のスポーツ政策——』不昧堂出版，2003 年．
『日本のスポーツ・フォー・オール——未熟な福祉国家のスポーツ政策——』不昧堂出版，2005 年．
『スポーツ研究論——社会科学の課題・方法・体系——』創文企画，2009 年．
『オリンピックと平和——課題と方法——』不昧堂出版，2012 年．
『スポーツと人権・福祉——「スポーツ基本法」の処方箋——』創文企画，2015 年．

スポーツ政策 1
公共政策の中のスポーツ

2021年4月20日　　初版第1刷発行	＊定価はカバーに 表示してあります

監　修	日本体育・ スポーツ政策学会Ⓒ
編著者	真　山　達　志
	成　瀬　和　弥
発行者	萩　原　淳　平
印刷者	田　中　雅　博

発行所　株式会社　晃　洋　書　房

〒615-0026　京都市右京区西院北矢掛町7番地
電話　　075(312)0788番代
振替口座　01040-6-32280

装丁　(株)クオリアデザイン事務所　印刷・製本　創栄図書印刷(株)

ISBN978-4-7710-3501-0

ジェームス・ハイアム，トム・ヒンチ 著／伊藤央二・山口志郎 訳

スポーツツーリズム入門

菊判 228 頁
定価 2,970 円（税込）

田島良輝・神野賢治 編著

スポーツの「あたりまえ」を疑え！
——スポーツへの多面的アプローチ——

A 5 判 232 頁
定価 2,860 円（税込）

杉山友城 著

地 域 創 生 と 文 化 創 造
——人口減少時代に求められる地域経営——

A 5 判 240 頁
定価 3,850 円（税込）

田中　宏 編著

協 働 す る 地 域

A 5 判 262 頁
定価 3,190 円（税込）

南島和久 著

政 策 評 価 の 行 政 学
——制度運用の理論と分析——

A 5 判 226 頁
定価 3,080 円（税込）

鏡　圭佑 著

行 政 改 革 と 行 政 責 任

A 5 判 198 頁
定価 3,080 円（税込）

渋谷典子 著

Ｎ Ｐ Ｏ と 労 働 法
——新たな市民社会構築に向けたNPOと労働法の課題——

A 5 判 212 頁
定価 2,970 円（税込）

相原正道・佐々木達也・田島良輝・西村貴之・内田　満・舟木泰世 著

地 域 ス ポ ー ツ 論

A 5 判 182 頁
定価 2,200 円（税込）

相原正道・植田真司・髙橋正紀・黒澤寛己・大西祐司 著

スポーツマンシップ論

A 5 判 174 頁
定価 2,420 円（税込）

晃 洋 書 房